U0857528

本书为山东省社会科学规划研究青年项目“解码词媒体：网络舆论场的博弈与治理研究”（项目批准号：16DXWJ01）的结项成果

词媒体的网络传播与文化批判

周　妍　著

山东大学出版社

图书在版编目(CIP)数据

词媒体的网络传播与文化批判/周妍著.—济南:
山东大学出版社,2019.3
ISBN 978-7-5607-6317-0

Ⅰ.①词… Ⅱ.①周… Ⅲ.①网络传播—研究
Ⅳ.①G206.2

中国版本图书馆 CIP 数据核字(2019)第 063369 号

策划编辑:滕希功
责任编辑:武迎新
特约编辑:马德青
封面设计:张　荔

出版发行:山东大学出版社
社　址　山东省济南市山大南路 20 号
邮　编　250100
电　话　市场部(0531)88363008
经　　销:新华书店
印　　刷:泰安金彩印务有限公司
规　　格:700 毫米×1000 毫米　1/16
8.75 印张　135 千字
版　　次:2019 年 4 月第 1 版
印　　次:2019 年 4 月第 1 次印刷
定　　价:36.00 元

序

在语言的各种要素中，相较于语音与语法，词汇是最为活跃易变的。这主要是因为不同时代有不同的生活内容，新的事物、新的思想往往通过新的词汇呈现出来，而许多与过时的事物和观念相关的词汇，则可能会被人们逐渐淡忘。词汇的不断变化，既是语言蓬勃生命力的体现，也是活生生的现实生活在语言中的投射。从词汇的变化，人们可以窥见一个时代的社会状态、文化风貌乃至于人们隐秘的精神世界。

词汇的上述特性，给包括社会学、文化学、心理学、美学等在内的人文社会科学研究提供了一个绝佳的切入角度。周妍博士的论著《词媒体的网络传播与文化批判》，正是在这一独特研究角度的基础上完成的。由于语言在人的存在中占据着本体论的位置，由这一视角切入的学术研究因此更能够深入到人的存在深处。这为这本以词语的网络传播为研究对象的前沿论著提供了学理上的支撑，使其能够在一个比较深入的层面对常被称为碎片化、泡沫化、娱乐化、虚拟化的网络现象展开自己的思考。

词转化为词媒体，是网络时代才出现的一种全新语言传播现象。而且词媒体概念的产生以及对词媒体这一传播现象的研究，也是近几年的事情。这使得本书所涉及的研究课题在具有很强开拓意义的同时，也具有相当的难度。但无论怎样讲，把一些在网络上“走红”的词汇当成一种“以词为核心传播内容的全新媒体形态”进行系统研究，是一次很大胆的学术尝试。就整体而言，本书的尝试的确有许多值得肯定的地方。

周妍的博士学位读的是美学，博士论文研究的是福柯，这使得她能够很熟练地从蕴含在话语中的权力关系入手对词媒体现象进行文化研究，从而给词媒

体以“一种边缘文化”的定位，看到了其颠覆权威的解构性力量，并认为这是一种“民意抗争的表达方式”，“以诙谐幽默和玩世不恭的方式表达出抵抗的情绪”。这为本书的学术思考奠定了一种平民化的立场，体现的是研究者与研究对象平等对话的态度，从而与那种面对研究对象时高高在上，把自己放在审判者位置上的研究形成了十分鲜明的对比。

然而，作者也并没有像一些乐观的英美文化研究学者那样，对词媒体这种建立在大众狂欢基础上的通俗文化现象采取完全认同的态度，把它看作一种完全正当的解放性力量。在强调以词媒体为代表的网络新媒体使得“沉默的大多数”“获得了前所未有的发声机会”，“更为自由地获取信息、表达意见”，“改变了他们在社会运行与治理过程中的被动地位”的同时，周妍博士也指出了这些“新面孔”背后，仍然有“一张权力与文化交织的密不透风的网络，网络中每一个体的全部生命活动都被包裹其中”；而且，裹挟在其中的每一个体“既是权力的执行者，也是权力的受害者”。接下来，作者引入女性主义立场，分析了“剩女”作为一个词媒体被男性话语权所建构的过程以及依附其上的封建意识、金钱逻辑；引入文化谱系学的研究方法，分析了“屌丝”这一词媒体所代表的贱文化生成的过程以及其“毫无遮拦地表达自己对权力、声名和金钱的崇拜感、饥渴感”的实质内涵，并提醒人们“对媒介贱文化的实质内涵和造成的严重问题”要有“相应的警惕和自觉”。

对于自己的研究对象，既能入乎其中，以同情的态度加以理解；又能出乎其外，以审视的眼光加以批判，这构成本书一个很重要的特点。它比一味地强调以词媒体为代表的网络传播带给人自由平等与解放的绝对乐观主义立场，或一味地强调以词媒体为代表的网络现象的负面影响，更能够揭示研究对象的复杂性，也使研究的结论显得更为公允，更为牢靠。

几年前，周妍博士从中国人民大学美学专业毕业，以师资博士后身份加盟我们学院，我有幸成为她博士后研究的合作导师。呈现在我们面前的这本论著，就是以她的博士后出站报告为蓝本补充修改完成的。几年来，我见证了她出于工作需要，由美学研究转向媒介文化研究这一新的领域，从年轻的美学博士成长为优秀的新闻传播学教师的过程。我深知这一过程的艰辛，同时也为她通过自己的努力和勤奋，在学术研究和教学上取得的许多进步感到由衷的高兴。在这本著作付梓之际，作者嘱我作序。我知道自己并不能为本书增光添彩，不过，能借这个机会表达一下对周妍博士的肯定与鼓励，也是十分高兴的。相信这本书的出版对作者而言只是又一个新的开端。在学术的道路上，周妍博士今后将走得更加自信与坚定。

泓　峻

2019 年 4 月 16 日

前　言

信息技术在人类发展史中总是发挥着重要的杠杆作用，每一次信息技术创新带来的信息传播革命，都能对人类的政治、经济、文化和社会生活产生不可估量的影响，推动着人类文化不断向更高层次迈进。计算机网络技术的进步，尤其是互联网展现了有史以来最快速的沟通媒介穿透率，从诞生起就深刻地影响着社会结构，推动着社会转型与变革的进程。与国外相比，互联网在我国发展的速度和发挥的作用更加惊人：经过 20 余年的发展，截至 2018 年 6 月，我国以 8.02 亿的网民数量跃居世界第一，6.63 亿人通过网络获取新闻信息，互联网颠覆了传统媒体的信息垄断，创造了全新的信息生产传播格局。而被称作“人类传播第五次变革”的移动互联网更是一种重新构造世界的结构性力量，正在开启对社会传播结构的新一轮变革：新闻生产与分发系统被重构，社交媒体泛在化和社会化传播已成现实，传播媒介的移动化和智能化促生了传播的场景化、沉浸化和共享化趋势。这种传播结构的变革引发社会交往方式、社会表达方式和社会价值观念的深刻重构。

生活在这个时代的人们面对信息的无限性与人的有限性之间的矛盾，逐渐适应和习惯了抓取少数关键词或关键句来处理信息，碎片化的信息传播模式随之成为主流，可以浓缩一个社会事件又可以包含大多数受众情绪和态度的网络词语成为信息超载时代传播速度最快、影响力最强的文本形式之一。

国家语言文字工作委员会发布的《中国语言生活状况报告（2010 年）》将这种文本形式称为“词媒体”，认为“词媒体”是一种信息传递的载体，某些特定的信息如人物、地点、时间、事件等被浓缩在一个词语中，能最大限度地加快信息的传播速度，扩大信息的传播范围，以最经济的方式获取最大的社会关注度。

词媒体已经成为互联网时代普通大众社会集体记忆的重要组成部分，不仅反映了社会现象，表达着民众意愿，而且改写了传统媒体时代新闻的生成模式，强化了媒体的舆论监督功能。语言是文化的风向标。民谣和顺口溜是传统社会的媒介文化，其影响力多限于老百姓的街谈巷议、插科打诨。而互联网时代网络热词构成的词媒体，不仅成为网络文化一景，还登堂入室走进了《人民日报》、央视等主流媒体，并被习近平总书记等各级政府领导频频使用。研究词媒体，有助于洞察中国当代社会的信息传播变局、文化意义生产和舆论生态演变，还能够准确把握国民的心理动态、生存处境和价值取向，探讨网络环境下的话语权争夺与舆论引导，对做好新时代新闻舆论工作具有重要的理论和实践意义。

本书以词媒体为研究对象，选取 2010～2017 年网民点击量和用户编辑量最高的 780 个月度热词作为研究文本，运用文化研究、话语分析等传播学经典理论，从生产方式、传播平台、传播路径、传播主体、受众、传播内容和传播效果等方面进行系统和深入的分析，辅以哲学、社会学、心理学等学科理论方法，管窥网络新媒体环境下传播格局、社会结构、文化形态、舆论生成等方面的根本变革。本书以词媒体为风向标，测量其在当代中国信息传播模式变迁、舆论主导权转换、社会文化形态由精英文化向大众文化转向中的表现，同时对词媒体发展过程中带来的网络暴力、虚假信息和刻板印象等问题进行剖析，提出消解与缓和词媒体消极作用的方法和对策。

作者

2018 年 12 月

目　录

第一章　词媒体研究概论

一个社会在传播格局和传播手段上的重大改变都直接决定着这个社会的组织方式、构造逻辑和运作法则。[①] 互联网深刻地影响着社会结构，推动着社会转型与变革的进程。互联网的威力首先体现在对传统信息生产和传播模式的颠覆，以及对政府控制信息传播权力的打破上。借助互联网技术支撑的网络媒体和其他平台，过去“沉默的大多数”获得了前所未有的发声机会，前互联网时代“一对多”的大众传播模式被“所有人面向所有人进行的传播”所取代。互联网对公众的“技术赋权”，使公众能够更为自由地获取信息、表达意见，改变了他们在社会运行与治理过程中的被动地位，这不仅推动了社会转型，更推动了管理型政府的转型。作为传统信息传播方式的颠覆性力量，互联网改变了社会性传播系统和权力结构，作为个体的网民取代以媒体机构为基本单位的社会信息传播，媒体与民众之间的传播关系和权利关系也被重构。移动互联网则以社会化分享与传播的革命性力量，使信息传播更加便捷，过去阻碍传播的时空被极大压缩，社交媒体和手机移动终端等新型媒介发展迅猛，“即时在线”成为人们交往的新常态。2018 年 8 月中国互联网络信息中心发布的第 42 次《中国互联网络发展状况统计报告》显示，截至 2018 年 6 月，我国网民规模达 8.02 亿，普及率达到 57.7%，超过全球平均水平和亚洲平均水平。其中手机网民达到7.88 亿，网民中使用手机上网的比例达 98.3%。社交网络超过 PC 端新闻网站，成为仅次于新闻客户端的互联网用户获取新闻的第二大渠道。[②] “网络化生存”成

---

① 参见喻国明：《互联网环境下的新型社会传播生态》，《社会科学文摘》2017 年第 1 期。

② 参见中国互联网络信息中心(CNNIC)：第 42 次《中国互联网络发展状况统计报告》，http://www.cnnic.net.cn，2018 年 11 月 20 日。

为我国主流人群每天工作、生活的方式，移动互联网对社会的影响更加彰显，其广度和深度均超出了人们的预期。移动互联网与大数据、人工智能、物联网、VR/AR、可穿戴设备等技术联手，正在开启传媒业生态的新一轮重构。一个突出表征是传媒业的边界趋于模糊和消解，传媒业的领域在空前扩张，社会化传播的特征正在凸显，社会传播结构的最新变化在新闻信息生产、分发、用户平台、传播方式等关键维度上已有体现。亿万网民早已不再只是传统媒体时代的受者，而是深度介入信息的生产和传播过程，彻底改变了传统“自上而下”的信息传递格局，一个平等、自由、开放的公共言论交流平台正在逐渐形成，通过这个平台，中国普通民众越来越多地参与到社会公共事务的讨论中来。

互联网开启了中国信息传播的新媒体时代。在这个时代，信息传播具有“即时性、开放性、个性化、分众性、信息的海量性、低成本全球传播、检索便捷、融合性强”[①]等特征，本质上是一个数字化的互动性传播时代。网络传播带来的海量信息，使身处其中的每一个人都体会到信息过载带来的困惑和无助，他们必须面对选择的无限性与精力的有限性之间的矛盾，传统深度阅读的信息接受模式显然已经不适应这个时代，人们不得不加快阅读信息的速度，以提高信息阅读的数量。人们不再有时间、精力和兴趣阅读大段的文字，而是越来越通过关注标题、图片等关键信息来了解信息的概要，碎片化的阅读模式促使新媒体时代的信息生产趋向简洁和概括，大量浓缩了事件内容和民众情绪的关键词应运而生，“我爸是李刚”“欺实马”“表哥”“屌丝”“剩女”“APEC 蓝”等网络词语不仅层出不穷，更新迅速，传播速度和广度也令人吃惊。这种网络词语浓缩了所反映社会事件的关键信息，包含着民众对社会事件的认知和态度，构成中国网络舆论场的一种表现形式。网络词语已经成为大众广泛接受的信息传播的新形式，是中国普通民众自己书写的集体记忆，更是传播技术推动中国社会变迁的最好注脚。

第一节　词媒体的概念

2010 年 5 月，互动百科率先提出“词媒体”概念，并将其定义为一种以词为核心传播内容的全新媒体形态，利用“词”对特定时间、地点、人物、事件进行浓

① 匡文波：《新媒体概论》，中国人民大学出版社 2015 年版，第 4 页。

缩，利用口口相传的特性优势，最大限度地加快媒体信息的传播记忆和速度。①

“词媒体”的概念一经提出，引发了社会各界的高度关注。人民网舆情监测室发布的《2010年中国互联网舆情分析报告》对“词媒体”的价值予以认可，基本沿用互动百科的界定，将“词媒体”定义为：“将词作为传递信息的载体，将特定时间、地点、人物、事件进行超浓缩，发布到网上或传统媒体中，以便于口口相传。”②这充分肯定了词媒体反映事件过程、见证社会热点的特性。

在信息过载的现代社会，寻找所需信息已成为一项重要技能。如人民网所论，为了找到自己所需的信息，人们经常要使用关键词进行信息检索。由于关键词的更新换代频率屡屡被刷新，“标题党”更是将关键词的作用发挥到极致，于是产生了“热词”“锐词”，迅速普及到广播、电视、报纸、杂志、图书等领域。在这个知识爆炸时代，各种平面与网络媒体都有可能成为“词媒体”，但互联网无疑是新锐词汇的大本营。“全民造词运动”在网络上蔚然成风。

一、词媒体的内涵

词媒体概念的提出引起了学界和业界的广泛讨论。北京大学教授张颐武认为：“词媒体是以全息摄影的方式将词语‘照’下来，这种方式对文化边界的拓展有很大的意义，这是网民共同创造的媒体。”③市场营销专栏作家张少波认为：“词媒体是一个极其精简的词或短语，就能承载足够多的信息量，如时间、地点、人物、事件等。正所谓‘一词胜万言’，这种易于口口相传、符合网络标题特点的词媒体，最大限度地加快媒体信息的传播和记忆速度。”④

相对于对词媒体的认可与肯定，对其的质疑与否定也同样存在。有学者认为：“‘媒体’是指交流、传播信息的工具，例如报刊、广播、广告；‘词媒体’并非一种真正的媒体，而是指一种语文现象。”⑤无论是认可还是质疑，都肯定了词媒体的简洁、浓缩和记录时代、反映民情的特点，客观上起到了加速词媒体传播的效果。

---

① 参见互动百科：《词媒体》，http://www.baike.com/，2018年4月2日。

② 《2010年中国互联网舆情分析报告》，人民网，http://www.people.com.cn/GB/209043/13740882.html，2018年6月20日。

③ 陈雪丽：《“词媒体”的内涵与特征》，《青年记者》2013年第9期。

④ 张少波：《用好词媒体　让企业知名度快速提升》，http://column.iresearch.cn/u/zsb0224/307175.shtml，2018年6月20日。

⑤ 曹志彪：《“词媒体”浅议》，《咬文嚼字》2012年第7期。

随着各类热词、锐词的不断涌现，词媒体很快被官方机构认可。2011年国家语言文字工作委员会发布的《中国语言生活状况报告(2011)》认为，词媒体指“词语事件化与信息浓缩化……当一个事件或一种现象出现时，人们不再是四平八稳地用一堆旧有词语去讲述它，而是将之代码化——概括成一个新词。……用词语来记录历史、描述社会、反映生活，已成为我们这个时代的特征”①。

从这些有关词媒体的讨论来看，词媒体的第一个重要特征就是高度的浓缩性和概括性。它并不是一个静态的词语，而是一个事件的浓缩和概括，反映了事件的动态发展过程，以及网民的基本认知和态度。第二个重要特征是高效快速的传播。词媒体是比新闻标题更加凝练的传播方式，不仅可以在网络等媒体中快速传播，便于口口相传，而且具有汇聚时代声音、形成集体记忆的效果。

词媒体缘于简洁凝练的网络新词、热词和锐词，是对社会热点事件和现象的高度浓缩，反映了广大网民对这些事件和现象的认知和态度，是一种传播速度惊人的网络时代新型话语。在词媒体的概念提出之前，各种网络新词、热词就已频繁诞生于网络空间，有的还被主流媒体接受和使用。例如2007年“剩女”一词就已经成为当年教育部认可的汉语新词语之一，该词不仅频繁出现在网络媒体和传统媒体上，还在各种不同主题的生活类影视剧中出现。2010年11月10日，《人民日报》头版头条的标题中使用网络热词“给力”②，成为一个标志性事件，网络热词借官媒的使用一夜之间传遍大江南北，成为网上网下关注度和使用度极高的流行语。2015年元旦，习近平总书记的新年贺词使用了“蛮拼的”“点赞”等网络热词③，引发了网络词语的新一轮传播高潮。至此，词媒体被视为一种新媒体形态，其与网络新词、热词之间的关系成为值得研究的问题。

二、网络新词、网络热词和词媒体

网络新词、网络热词和词媒体，三者之间虽有语义重叠，但分属不同的概

---

① 教育部语言文字信息管理司组编:《中国语言生活状况报告(2011)》，商务印书馆2011年版，第8页。

② 《江苏给力文化强省》，《人民日报》，http://paper.people.com.cn/rmrb/html/2010-11/10/nbs.D110000renmrb_01.htm，2018年6月20日。

③ 《习近平：锐意改革　干部“蛮拼的”　为人民“点赞”》，央广网，http://china.cnr.cn/gdgg/20141231/t20141231_517280145.shtml，2014年12月31日。

念，各自的内涵、外延有所不同。表 1-1、表 1-2、表 1-3 对三者的定义、语义差别、内涵与外延进行了分析。

表 1-1 网络新词、网络热词和词媒体的定义比较

网络新词	网络新词是指网民在虚拟交流中新创并广泛使用的新名称、新名词，也包括产生了新含义或新用法的原有词语。例如："怎么破""买买买""贾君鹏，你妈喊你回家吃饭"等
网络热词	网络热词是指热门的网络词汇。作为一种词汇现象，网络热词反映了一个国家、地区在某个时期人们普遍关注的问题和事物。例如："萌萌哒""监狱风云""呆萌"等
词媒体	利用"词"具有的对特定时间、地点、人物、事件进行超浓缩，利于口口相传的特性优势，最大限度地加快媒体信息的传播。例如："欺实马""APEC 蓝""房姐""小官巨贪""克强指数"等

表 1-2 网络新词、网络热词和词媒体的侧重点比较

网络新词	强调词语的生成时间短、形式新或含义新
网络热词	强调词语的网络热度、流行度和认可度
词媒体	强调词语的高度浓缩、广泛传播，具有媒体属性，强调词的信息传递功能

表 1-3 网络新词、网络热词和词媒体的内涵与外延比较

	内涵	外延
网络新词	既包括自我表达式的恶搞类新词，也包括能反映新政治、新经济、新文化、新社会的网络新词	能反映某一社会事件或某类社会现象，包含民众态度、立场和认知的网络新词属于词媒体
网络热词	网络热词与某段时间内的热点新闻事件和热点社会现象紧密相连，被众多网友认可并自发传播	大部分的网络热词属于词媒体。少部分含义不明或没有相关社会热点事件背景的热词不属于词媒体
词媒体	能反映某一社会事件或某类社会现象，包含民众态度、立场和认知的网络热词、网络新词属于词媒体	词媒体包含部分网络新词和网络热词。流行起来的网络热词属于词媒体，某些尚未流行起来的新词也属于词媒体

从上表可以看出:第一,能反映某一社会事件或现象的、包含民众认知、态度和立场的网络新词、网络热词属于词媒体,这是三者的重合部分。第二,三者之间的关系不是确定不变的,而是动态和发展变化的。某些社会事件或现象出现之后,在网络空间被网民凝练概括为新词,并迅速传播发酵,成为网络热词。例如"剩女"一词刚被网民创作出来的时候,用以指代大龄未婚的都市优秀女青年。随着"剩女"一词在各类媒体出现的频率趋高,逐渐成为网络热词,得到社会公众的广泛接受和使用,用于指称周围大龄未婚女青年,一个"剩"字充分表达人们对大龄未婚女青年的轻蔑态度,该词即成为广泛传播的词媒体。

三、词媒体的特点

在厘清网络新词、网络热词和词媒体三者之间关系的基础上,可以归纳总结出词媒体自身的特点:

1. 短小精悍,易于传播

2014 年 11 月 10～11 日,APEC 会议要在北京召开,为了确保会议期间北京不再雾霾锁城,北京实施了各种减排限排措施。会议期间果然出现难得一见的蓝天白云、秋高气爽的好天气。这一好天气成为一起网络事件,网友迅速创造出新词"APEC 蓝",用于表达人们对蓝天的渴望与留恋,同时用于形容短暂易逝和并不真实的美好。该词在网络空间火热传播和发酵,传统媒体也纷纷跟进报道,后来习近平主席也对该词作出回应。在短短一周的时间里,"APEC 蓝"就从贩夫走卒传到国家政要,继而人人知晓,凸显了词媒体的传播能量。在公众碎片化阅读的网络环境下,词媒体迎合了人们力求最便捷迅速接受尽可能多的信息的需求,它们少则一两个字,多则六七个字,简短凝练、内涵丰富,既能迅速传播,又能让人印象深刻,成为当今最火爆的新媒体形态之一。

2. 反映事件,呈现态度

2014 年十大词媒体之一的"监狱风云",短短四个字传神概括了系列艺人违法事件。2014 年 3～8 月,不到半年时间内,李代沫、宁财神、高虎、张默、房祖名等知名艺人,先后因沾染"黄赌毒"而入狱或被治安处理。这些事件发生后成为热点社会新闻,网民对艺人失德违法行为的震惊和责难逐渐变成恶搞和戏谑,他们借用香港电影《监狱风云》的宣传海报,将锒铛入狱的各位艺人拼凑到一起,产生了网络热词"监狱风云"。此后再有明星因为类似事件入狱,新闻标题常会出现“监狱风云再添新成员”的表述，“监狱风云”也从一部电影名称演变为戏谑调侃艺人不良行为的词媒体。由此可见，词媒体除了形式简洁凝练，更重要的是对社会热点事件的总结和归纳。词媒体背后不仅有故事，还承载着大众的认知和态度。这是词媒体能在短时间内大范围传播的根本原因。

3.草根民众的意见表达

早在2012年，“屌丝”一词就已引爆网络，用来指称那些具有穷、胖、矮、丑等属性特征且想法、行为令人震惊或出人意料的男人，讥讽其无一技之长还经常白日做梦，后来也引申指代女性。该词一经出现，便引起了各路传统媒体的注意，不仅争相报道，还出现了网络热门剧集《屌丝男士》《屌丝女士》。2015年热映的《煎饼侠》和《夏洛特烦恼》是票房大战的大赢家，再度引爆“屌丝”一词。该词成为广大草根网民面对不公平的社会竞争和上升无门的社会现实发出的真实自嘲。借助词媒体，草根阶层的情绪和意见表达实现了空前绝后的传播效果。

词媒体反映的内容多是新闻事件和社会现象，但与传统媒体时代和网络web1.0时代不同的是，词媒体的形成与传播是一个自下而上的过程，是广大草根民众自主发声表达观点、态度和情绪的一种方式。这些带有讽刺、嘲弄、戏谑、赞美等态度的词媒体是民众真实思想情绪的体现，蕴含着民众最关切、最合理的诉求，所以才能随着词媒体裂变式的传播产生一呼百应的效果，并逐渐被主流媒体和主流话语所借鉴和吸收，受到具有决策权的社会精英重视，进而成为推动社会进步的一种新力量。

第二节　词媒体研究综述

词媒体是网络新媒体时代最符合信息传播趋势的一种载体，时间、地点、人物、事件等热点事件的核心信息浓缩在一个词语之中，不仅能加快信息的传播速度，扩大信息的传播范围，并且可以最经济的方式获取最大的社会关注度。词媒体的传播能够很便捷地超越时空限制，从网上延伸到网下，从互联网平台扩展到报刊、广电等传统媒体，成为推进中国传播格局乃至社会结构变革的重要动力。因此，词媒体这一媒体形态正在成为学术界研究的重要对象。

一、词媒体研究的现状

无论是词媒体、网络新词还是网络热词，都属于新媒体时代的新事物，学术界的研究尚处在起步阶段，相关研究成果数量不多，缺乏深入细致的系统研究。现有成果并未对词媒体、网络新词、网络热词三概念进行界定和区别，经常将这三个词混用，这给本书的文献梳理和综述工作造成一定困难。为了做到文献综述的全面准确，本书对词媒体、网络新词和网络热词相关研究文献进行了交叉梳理分析。

(一)有关词媒体的研究综述

"词媒体"这一概念是2010年由互动百科首先提出的，之后学术界和业界对其保持持续关注。笔者在ProQuest学位论文数据库、NST西文期刊数据库等英文数据库以"words media"为关键词检索，未搜到相关研究文献。综合判断，国外尚无有关词媒体的专门研究，"词媒体"是一个具有鲜明中国特色的概念，只能在中国语境下进行以问题为导向的专题研究。

笔者在中国知网CNKI学术文献总库对"词媒体"的学术研究成果进行检索发现，学界对"词媒体"的关注从2010年该概念诞生就开始了，截至2018年4月共有相关文献176篇，2012～2017年每年收录的有关词媒体文献均有20篇以上。对这些文献进行梳理和分析后发现，虽然国内学术界对词媒体研究的学术成果已有一定数量，但大多停留在对词媒体概念、特征和意义的介绍、概括和对其未来发展趋势的预测上，对"词媒体"深入系统的研究成果尚属少见。

在现有学术成果中，比较有代表性的有：刘佳的《词媒体袭来》(《互联网周刊》2010年第11期)和王令飞的《词媒体 记录时代声音》(《上海信息化》2013年第1期)阐述了词媒体产生的背景、词媒体流行的原因，并分析了词媒体产生的社会影响。冯嘉雪的《互动百科打造词媒体》(《中国新时代》2010年第6期)叙述了互动百科转型为词媒体输出平台的种种探索性实践。高小康的《词媒体：这个时代的接头暗号》(《人民论坛》2010年第22期)描述了词媒体在互联网和现实世界流行的现状，分析了词媒体产生的背景和原因，认为词媒体的出现符合中国网络社会的发展需要。管雪的《网络流行词的演变　新词—热词—词媒体》(《新闻世界》2011年第9期)论述了"新词"演变为"热词"、"热词"升华为"词媒体"的过程，提出这种带有微文化气息的词媒体具有鲜活的生命力，是网络文化重要的呈现方式之一。宋巍的《“词媒体”内涵及数据论证》(《东南传播》2011年第6期)对词媒体的内涵进行了深度解析,认为词媒体具有传播内容精简、承载信息量大等特征,并从哲学角度论证了词媒体存在的意义。陈雪丽的《“词媒体”的内涵与特征》(《青年记者》2013年第13期)在列举了现有的五种对词媒体的定义后提出对词媒体的看法,认为词媒体是一种用极短的词或短语对社会事件进行传播的现象。沈玉保的《词媒体传播的社会效应》(《重庆社会科学》2014年第10期)总结出词媒体传播的七大社会效应,认为词媒体是凸显世态民情的“显微镜”、形象呈现社会事件和问题的“百态图”、民众表达内心诉求的“扩音器”、民众之间交流沟通的“全息图”、社会民主和社会发展的“推进器”、产品营销中的强化剂、传播者和接受者之间融合的“双面胶”。

总之,目前国内学术界对词媒体的研究尚属起步阶段,大多集中于词媒体的概念界定、形态特征分析、生产意义和社会效应剖析等方面,但多是现象描述类的泛泛之谈,缺乏扎实深入的理论研究和案例分析。针对以维基技术为驱动的百科类词媒体的个案研究更是缺乏。

(二)有关网络新词和网络热词的研究综述

网络新词是互联网发展和普及之后出现的新事物,使用者主要是20岁左右的青少年,词语本身缺乏深刻的社会内涵与文化意蕴,所以很多学者都认为这类网络新词的研究意义和价值并不大。笔者在CNKI学术文献总库中以“网络新词”为主题进行搜索,得到的结果是:截至2018年4月,共有802篇相关学术文献,其中大部分文献的研究内容集中于对某一个或者某一类网络新词的构成特征进行分析,或者对这一新事物进行抽象的描述,或者为随想类文章,概括来讲有两大特征:第一,关于网络新词的成果,有146篇硕士论文、1篇博士论文,期刊论文的来源刊物多为一般期刊,现有学术文献整体层次不高,说明网络新词尚未成为主流学者的研究对象。第二,尚无学者对网络新词进行持续和深入关注,现有成果多为浅尝辄止或点到为止,而非深入系统的研究。例如:王丽坤的《“门”族网络新词及其折射出的社会文化心理》(《辽东学院学报》2009年第3期)简单归纳了网络新词折射出的猎奇心理、简约心理和尚新趋同心理。江晓霞的《汉语网络新词的文化内涵——“被自杀”等词反映的社会文化现象》(《文学界》2011年第2期)仅用不到300字的篇幅对网络新词体现公民反抗精神加以说明,并没有深入研究。综上所述,“网络新词”这一概念因其生命周期短暂、

文化内涵浅薄，并没有太大的学术价值，这也是本文不选择网络新词为研究对象的原因。

“网络热词”的概念出现在“网络新词”之后，其文化内涵和接受程度均高于“网络新词”，学术界对“网络热词”的学术关注度明显高于“网络新词”。笔者在CKNI学术文献总库以“网络热词”为主题进行搜索，得到的结果是：截至2018年4月，共有775篇相关学术文献。通过分析搜索结果可以看出，有关网络热词的学术文献数量多于有关网络新词的学术文献，质量也相对较高，其中部分论文发表于CSSCI来源期刊，说明网络热词作为新媒体产物得到较多学者关注。例如：王俊的《网络热词的模因论解读》(《文学界》2011年第3期)用模因论选择机制的客观原则、主观原则、主客原则等分析网络词语成为强势模因的原因，认为只有具有强势模因的网络词语才能被不断复制和传播，进而成为网络热词。刘志杰的《网络热词传播的社会现象透视》(《新闻世界》2009年第6期)认为，网络热词传播体现了公民权利意识的觉醒和勃兴，网络热词已兼具传递复杂民情、记载历史的意义。薛国林的《一种曲线的意见表达——“网络热词”折射出的社会态度》(《新闻记者》2009年第6期)认为，由新闻事件衍生出来的网络热词独立于词语的本意，可以形成并表征网络时代的汹涌民意，进而对社会产生巨大影响。

二、词媒体研究的价值与意义

从1994年中国全面接入互联网至今，不过短短20多年，而中国本土网络百科是从2005年互动百科上线才逐渐发展起来，词媒体作为一种基于网际传播的新事物，虽然得到了学界和业界的广泛关注，但相关研究尚处于起步阶段。当下移动互联网正以社会化分享与传播的革命性力量，使信息传播更加便捷，过去阻碍传播的时空被极大压缩，社交媒体和手机移动终端等新型媒介发展迅猛，“即时在线”成为人们交往的新常态，词媒体的产生、传播以及作用正待人们重新评估和认识。本书以词媒体为研究对象，选取2010～2017年网民点击量和用户编辑量最高的780个月度热词作为研究文本，运用文化研究、话语分析等传播学经典理论，从生产方式、传播平台、传播路径、传播主体、受众、传播内容和传播效果等方面进行系统和深入的分析，辅以哲学、社会学、心理学等学科理论方法，管窥网络新媒体环境下传播格局、社会结构、文化形态、舆论生成等方面的根本变革。以词媒体为风向标,测量其在当代中国信息传播模式变迁、舆论主导权转换、社会文化形态由精英文化向大众文化转向中的表现,同时对词媒体发展过程中带来的网络暴力、虚假信息和刻板印象等问题进行剖析,提出消解与缓和词媒体消极作用的方法和对策。该研究具有重要的文化价值和社会价值。

(一)词媒体研究的文化价值

词媒体有着广泛的民众认可度和接受度,是民意表达和社会舆论的新形式,代表了中国普通民众对话语权的争夺和对权威话语的抵抗。从文化层面上看,词媒体是一种具有边缘性、颠覆性、批判性和抵抗性等特征的媒介文化。

首先,词媒体是一种边缘文化。词媒体的创造者和传播者主要来自社会中的年轻人,这和中国网民的年龄结构是一致的。中国互联网络信息中心发布的第42次《中国互联网络发展状况统计报告》显示,截至2018年6月,我国网民以10～39岁群体为主,占整体的70.8%,其中20～30岁年龄段的网民占比最高,达24.7%。在学历结构中,具备中等教育程度的群体规模最大,初中、高中/中专/技校学历网民占比分别是37.7%和25.1%,并且中国网民呈现向低学历人群扩散的趋势。在收入结构中,网民月收入在2001～3000元、3001～5000元的群体占比较高,分别为15.3%和21.5%。[①] 从调查数据可以看出,中国网民以青年人为主,学历和收入水平都不高。从社会学角度看,这个群体应该是非主流、从属的边缘人群,处于政治权力的边缘,是权力上的弱势群体。作为边缘人群的网民创造的网络文化,自然具有区别于主流文化的边缘性特点。

其次,词媒体具有颠覆权威的特性。法国哲学家福柯认为,话语权不是话语本身决定的,而是由言说者权力大小确定的。互联网普及之前,信息传播权和话语权具有较强的垄断性,权威说法一直处于社会主宰者地位,民众长期处于被动接受的位置。但是,互联网技术赋权打破了信息与话语权的垄断,草根民众有了“麦克风”和“摄像头”,可以在网上自主传递信息和表达观点。虽然词媒体的传受主体依然是社会边缘群体,但其颠覆权威的作用已初步显现。词媒体所表达的民意多是对权威和官方说法的颠覆,这种颠覆起到了培养网民逆向

① 参见中国互联网络信息中心:第42次《中国互联网络发展状况统计报告》,http://www.cnnic.net.cn,2018年11月20日。

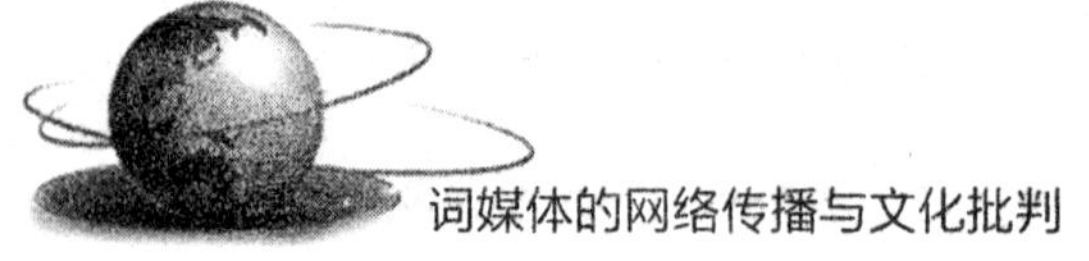

思维的作用。“他们表达着对正统权威的逆向思维、散淡、不在意、不恭敬、不顺从，崇尚偏离的行为倾向。”[①]这种对权威的颠覆从形式和内容两个方面表现出来：在形式上，运用不符合正常造词规则和破坏文字纯洁的超常规混搭等方式，表现出对正统的不恭敬和颠覆。如围绕“我爸是李刚”的一系列网络恶搞，“躲猫猫”“欺实马”等通过词语变形与谐音嘲弄了权威结论。在内容上，很多词媒体的内涵直接推翻或者嘲弄了权威说法，引发了社会主流阶层的“领导权危机”。

再次，词媒体具有批判性。词媒体产生的根本原因就是民众对社会不公正现象和事件的批判。大量为普通人熟知的词媒体均产生于引起普通民众强烈不满的负面新闻事件或负面社会现象，这种词媒体本身就代表一种否定和批判。例如，“羊羔体”是对官方评奖标准的一种否定，“蜗居”则是对社会造成青年艰难生活状态的一种批判。

最后，词媒体是一种民意抗争的表达方式，以诙谐幽默、玩世不恭的方式表达出抵抗的情绪。词媒体中没有剑拔弩张的革命化语言，没有强制表达和高亢的语言符号，也没有非此即彼的道德绑架，而是用黑色幽默和挖苦反讽的方式表达边缘人群对权威的不满和抵抗。因此，词媒体在社会文化层面是“利用心照不宣的理解和非正式的网络，通常表现为一种个体的自助形式，它们避免直接地、象征性地与权威对抗”[②]。

词媒体代表了网络新媒体时代普通民众对主流话语权不再从精神上匍匐和跪拜，而是用一种不循常规的形式表达挑战与反叛、颠覆与否定，在文化层面上表现了边缘文化对主流文化的不认同和不接受，因此凸显了研究词媒体的文化价值和意义。

(二)词媒体研究的社会价值

本书运用传播学、哲学等理论对词媒体进行系统研究，对词媒体的产生机制和传播机制及制约其发展的相关因素进行分析，运用问卷调查方法进行定量分析，使用文化研究理论进行定性分析，力求做到既有全面视角又有深度理论探讨，以取得词媒体研究方面的开拓性成果。从社会实践方面看，词媒体已从方便网民聊天的专属工具性语言，转向反映社会文化变迁的公共话语，不仅是

① 扈海鹂：《解读大众文化：在社会学的视野中》，上海人民出版社 2003 年版，第 150 页。

② [美]詹姆斯·C. 斯特科：《弱者的武器》，郑广怀等译，译林出版社 2007 年版，第 2 页。

社会热点问题和舆论焦点的直接呈现，也是社会舆论和社会心态的风向标，还是当代中国社会话语权争夺、意识形态博弈等重大变迁的直接呈现，更是广大民众表达意见和实现自身话语权的重要渠道。对词媒体这一民意表达新方式和网络监督新形式进行深入研究，可以较为准确地把握词媒体蕴含的社会心态，及时了解网络舆论动态，从热点舆情透视社会矛盾焦点，促进治理者对各种社会问题及时做出合理应对措施，更有效地做好信息传播和舆论引导工作，推动社会民主进步和安定有序。

词媒体是互联网兴起后出现的一种重要的传播现象和媒介文化产物。目前，词媒体已实现了从网络空间向现实空间的传播，在现实社会中的认可度和接受度不断提高，同时还实现了从网络平台向传统媒体的传播，越来越多的传统媒体为了迎合受众而频繁使用词媒体，现实生活中的使用和传统媒体的借用进一步加速了词媒体的传播，扩大了词媒体的影响。随着移动互联网和人工智能技术的勃兴，词媒体的使用范围和影响力将会进一步扩大。如前所述，对词媒体的研究还处在较为初级的起步阶段，缺乏有能力和经验的学者运用新闻传播学、哲学、社会学等理论进行连续观察和深入研究。本书尝试从新闻传播学、哲学、社会学、政治学、语言学等多学科视角进行跨学科分析和深度解读，以便揭示词媒体的产生机制、文化性质和政治因素，分析词媒体产生、走红的根本原因和传播机理，剖析词媒体传播的社会意义，凸显词媒体研究的价值。

三、词媒体研究的方法与创新

词媒体是一种网络传播的新现象，也是一种媒介文化的新样态，但人们对词媒体的认识还处于朦胧的感性阶段，相关研究也不够深入和系统。本书尝试对词媒体进行全面分析，揭示其中蕴含的意义建构、话语博弈和话语权争夺的状况，而沿用单一学科视角或使用单一理论难以达此目的，必须采取多学科视角、多元研究方法进行综合分析、科学评估，以实现研究的客观、准确和可测量。

（一）研究方法

1. 内容分析法

该方法属于定量、静态和描述性研究，可以清晰地呈现出被分析样本的发展脉络。本书选取2010～2017年互动百科公布的780个月度最热词媒体作为样本对其进行内容分析。使用该研究方法能详细描述主要变量的发展变化

情况，分析其来源分布和传播路径、反映的社会热点事件分布、舆论走向趋势等，准确把握词媒体的发展脉络。

2. 话语分析法

将文本看成一种已经形成的陈述行为，重点讨论这种陈述形成背后的复杂关系网络，该研究方法属于定性、动态和批判性研究，可以深入剖析文本中蕴含的意识形态和权力构成。本书在对样本做内容分析的基础上，还将对典型词媒体进行话语阐释学分析，挖掘这些话语背后复杂的关系，分析话语的内涵、意义及其中蕴含的意识形态和权力博弈关系。

3. 个案研究法

该研究方法是指对某一个体、群体或组织进行持续较长时间的调查，研究其行为发展变化的全过程。该方法的特点是着眼于具体案例或对象，对其进行长时间的研究和分析。本书为分析词媒体的产生原因、生产过程和传播过程，将选择一些具体的词媒体进行个案研究。

4. 思辨研究法

该方法是人文社会科学最基础的研究方法，也是其他研究方法的基础，是产生思想和观点的重要方法。对词媒体的研究也离不开思辨研究法，该方法也是传播学研究经常使用的方法。“有一类研究只能是思辨研究，如对象为‘传播的本质’的研究，它不能采用实证方法。与此相反，另一类研究只能是实证研究，如对象为‘收视率是多少’的研究，它不可能用概念推导出来。”[①]思辨研究法是本书对词媒体研究的基础性方法。

（二）创新之处

首先，研究选题有新意。以往对网络词语的研究很少从百科类网站平台着手进行研究，本书选题可望弥补该研究空白。本书探索性地尝试对基于维基技术的百科类网站的运行和词媒体产生的过程进行系统分析和研究，同时运用历史主义的视角从整体上把握 2010～2017 年互动百科公布的月度最热词媒体，探讨作为媒介文化的词媒体对普通网民的意义和价值，也为社会职能部门及时准确地把握和引导民意提出合理化建议。

其次，研究内容有新意。本书着重文本分析和受众分析，运用定性与定量

---

① 卜卫：《传播学思辨研究论》，《国际新闻界》1996 年第 5 期。

相结合的方法对词媒体的传播主题、传播机制、传播效果和评价标准进行研究，重视分析文本背后的意识形态和受众的意义解码，具有很强的现实意义。

最后，研究理论和方法有新意。本书对词媒体进行跨学科研究，打破了原有的学科界限，引入新闻传播学、哲学、社会学、政治学和文学等多学科视角，运用马克思主义、结构主义、后结构主义、后现代主义、女性主义等多重理论方法对词媒体进行系统深入的剖析。

第二章　词媒体的生成与传播过程

人民网舆情监测室发布的《2010年中国互联网舆情分析报告》中将词媒体定义为“一种以词作为核心传播内容的全新媒体形态，利用‘词’对特定时间、地点、人物、事件进行浓缩，利于口口相传的特性优势，并将其发布到网上或传统媒体，最大限度地加快媒体信息的传播记忆和速度”①。从该定义可以看出，词媒体已被界定为新媒体的一种形式。那么何为新媒体？新媒体是与“旧媒体”相对的一个概念，严谨表述应为“数字化互动式新媒体”，是“借助计算机（或具有计算机本质特征的数字设备）传播信息的载体”②。从技术上看，新媒体是数字化的。从传播特征上看，新媒体具有高度的互动性，是一种将人际传播和大众传播融为一体的全新传播类型。词媒体作为一种新媒体形态，其生成与传播过程呈现出完全不同于传统媒体的特征。

第一节　词媒体的生成

在传统媒体时代，受众只能被动接受媒体传递的信息，信息反馈与互动的渠道不畅，更缺乏自主发声和传递信息的机会，媒体设置的议程往往成为社会公共议程。但在新媒体时代，传统媒体对信息传播和舆论生成的垄断地位被打破，网络新媒体为草根网民提供了生成民间舆论场的空间，所关心和讨论的议程带有很强的民间、草根属性，要么与民众自身利益和诉求密切相关，要么是一

① 人民网：《2010年中国互联网舆情分析报告》，http://www.people.com.cn/GB/209043/13740882.html，2018年4月2日。

② 匡文波：《新媒体概论》，中国人民大学出版社2015年版，第10页。

些新奇刺激的事件或负面新闻。词媒体的生成鲜明地体现了新媒体议程设置的这一显著特征。

一、词媒体的生成来源

Web2.0 时代实现了“人人都有麦克风”，网络直播的井喷式发展又使“人人都有摄像头”成为现实。移动互联网和人工智能联手，已催生了社交媒体的泛在化和社会化传播新格局，新闻信息生产者大扩容和基于算法的个性化分发让人们初步领略到了“智慧媒体”的风采。信息传播渠道和平台的创新，为各类网络服务提供者与网民之间的实时沟通创造了更便捷的条件，词媒体的生成通道更为畅通，社会生活中的各种事件和现象都可成为词媒体的直接来源。笔者对互动百科网站提供的 2010～2017 年月度最热词媒体进行分类整理和数据统计，可直观地看出词媒体生成的主要来源。（见图 2-1）

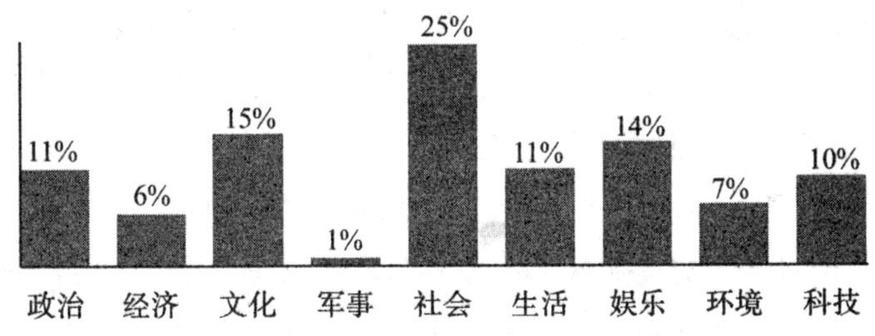

图 2-1　2010～2017 年词媒体内容分类示意图

从图 2-1 分类整理的结果来看，各种社会热点事件成为词媒体的第一大来源，占总数的 25%，说明移动互联网和社交媒体的应用和普及为网民参与社会公共事件讨论提供了更为便利的条件。在网民七嘴八舌的信息交换、意见碰撞中，一个个词媒体脱颖而出。一些关系国计民生的政策法规的出台和实施，会受到民众的强烈关注，这些政策法规一经公开，就可能瞬间演变为热度颇高的网络词媒体。比如，我国从 20 世纪 80 年代开始推行计划生育政策，独生子女成为中国社会的一大现象，但计划生育政策在有效遏制人口过快增长的同时也带来了一系列社会问题，阻碍了我国经济社会发展。2013 年 12 月 28 日，第十二届全国人大常委会第六次会议表决通过了《关于调整完善生育政策的决议》，允许夫妻双方一方是独生子女的夫妇生育两个孩子。这一政策虽然在岁末发布，但并未影响“单独二孩”热度的迅速蹿升，而成为 2013 年互动百科网站的年

度十大词媒体。2015 年 10 月 29 日，中共十八届五中全会公报确定全面实施“一对夫妇可生育两个孩子”的政策。虽然该政策要到 2016 年 1 月 1 日才实施，但“全面二孩”立刻成为当月最热门的词媒体，并毫无争议地成为 2015 年互动百科年度十大词媒体之一。“独生子女”“单独二孩”“全面二孩”，这些词媒体简洁明了地记录了 40 年来中国国家生育政策的变迁过程。

由社会热点事件生成的词媒体中，61%来源于负面或问题性事件。其原因与当前中国处于经济繁荣和社会转型的双重叠加时代有关。当前国家的经济结构和利益分布在发生着剧烈变化，在此背景下，一些社会问题或不公正现象的披露极易刺痛民众焦虑脆弱的神经，促使他们积压已久的不满情绪迅速积聚和宣泄，由此形成大量的词媒体。例如，2011 年 6 月的互动百科热词排行榜中，“郭美美”赫然在列，位居第九。这个词媒体源于一位名叫“郭美美 Baby”的微博用户网络炫富，她在新浪微博晒出名车、名包等奢侈品，其微博身份“红十字会商业总经理”引起网民质疑，从而引发一场旷日持久的网络震荡。网友们通过“人肉搜索”，揭露了郭美美本人的个人情况和人脉关系，引发了中国红十字会有史以来最严重的信任危机。2013 年 4 月 20 日，四川雅安芦山地震发生之后，中国红十字会第一时间进入灾区开展救援，其发起的募捐工作却显得十分尴尬：深圳红十字会为地震灾区募捐，应者寥寥；在重灾区宝兴县，当地红十字会摆出募款箱，筹得善款 10.5 元；深圳邮局打出电子屏“邮局没有郭美美，赈灾捐款免邮费”。中国红十字会总会官方微博号召民众捐款支持灾区，该微博在不到两天的时间里竟然收到了 14 万个“滚”。后来红十字会可能是承受不住舆论的压力，悄悄删除了这条微博，但简单的删除并不能解决郭美美炫富给红十字会信用带来的灾难后果。中国红十字会虽然力图通过各种途径撇清自己和郭美美的关系，但这种努力根本无法与郎咸平对郭美美的访谈、郭美美的爱车被撞、郭美美的再次炫富等个人行为引起的关注度相提并论。2011～2014 年，“郭美美”这个词媒体一直没有离开过网民的视线，其影响力在 2014 年达到巅峰。2014 年 7 月 9 日，北京警方宣布打掉一个在世界杯期间组织赌球的犯罪团伙，但央视等主流媒体对此事件报道的焦点只集中在其中一个参赌人员——郭美美身上，央视重要新闻栏目《新闻直播间》《法治在线》等“起底”郭美美，揭出其涉赌、卖淫、傍大款等行为，“黑”郭美美的报道难免让网民联想到红十字会为自己正名的意图。不少网民质疑：郭美美上央视，各路媒体一路声讨，被羞辱的是谁？郭美美事件凸显了官方舆论场与民间舆论场之间的紧张关系。在网络空间，官方媒体精心营造的议程往往能被一个不起眼的词媒体消解甚至颠覆。这一现象说明，普通网民通过自己的信息生成和传播，得以赢得一定话语权，揭露社会不公和权力寻租滥用问题，对公权力及其他公共机构（如中国红十字会）产生强大的舆论监督效果。这也使广大网民清晰地看到，在新媒体环境下，自己的声音不再是微不足道或可有可无。

词媒体还是当代媒介文化生长繁衍的一个主要阵地，并且第一次打破了中国自上而下的传统文化建构模式。在传统媒体时代，文化内容的生产都垄断在少数社会精英手中，普通草根民众只是被动的接受者，但进入新媒体时代，草根民众通过网络平台可以自由地创造和传播自己的文化，可以随心所欲地解构主流文化，形成了与经典、权威、主流的精英文化对立的速朽、戏谑、草根、恶搞的大众媒介文化。在2010～2017年的词媒体中，文化类内容占15%。在文化类的词媒体中，频频出现的“＊＊体”多是对主流媒体文化产品的恶搞和戏谑，比如2010年有“凡客体”“羊羔体”，2011年有“赵本山体”“见与不见体”，2012年有“甄嬛体”“元芳体”，2014年有“马伊琍体”“马上体”，2015年有“何以体”……其中，“凡客体”是网民针对2010年7月凡客诚品公司邀请青年作家韩寒和青年偶像王珞丹出任形象代言人，并推出了一系列彰显个性和自我的广告文案进行恶搞的结果。凡客诚品广告中出现的“爱网络、爱自由、爱晚起、爱夜间大排档……”等广告语言经过网民的加工和想象，被用来戏谑众多明星，并在网络迅速走红。据不完全统计，截至2010年8月5日，已有2000多张“凡客体”图片在微博、开心网和QQ群以及各大论坛疯狂转载。“见与不见体”则来自于2011年冯小刚导演的电影《非诚勿扰2》中主人公香山的女儿朗诵的诗歌《见与不见》，该电影上映时赚足了观众的眼泪。为了将这份感动延续，很多观众在网络上展开了一场关于“见与不见”的讨论，仅新浪微博一家就有关于这首诗的近万条留言。网友还迅速“山寨”出《见与不见》的各种版本，诸如新婚版、加班版、期末考试版、堵车版、减肥版、跳槽版……这些“山寨版”的《见与不见》极大地扩张了诗歌和电影的传播范围。“甄嬛体”“元芳体”和“何以体”均来自于当年热播的电视剧，网友们将电视剧中的经典台词与现实生活相结合，在平时交往和聊天中效仿电视剧中主要人物的台词，凭空制造出欢乐、搞笑的效果。2014年走红的“马上体”则是中国传统文化与网络文化相结合的典型例子。2014年是中

国农历马年，在年画等传统民俗载体上，经常会有猴子骑马等画面，寓意“马上封侯”。该民俗被网民创造性地赋予了更多的形式和含义。例如，在小马玩偶上放上钞票，寓意“马上有钱”；在马背上放上一对小象，寓意“马上有对象”；甚至在马背上放上苹果手机，寓意“马上有土豪金”……传统习俗在新媒体时代被翻出新意，不仅是传统文化的延续，更反映了当下中国人内心的真实需求和渴望。

国家的大政方针往往和老百姓的日常生活密切相关，该领域中诞生的词媒体占总数的11%。每年3月召开的全国“两会”，是中国人民政治生活中的大事。随着中国国际地位的不断提高，“两会”期间来华采访的外国媒体记者越来越多。2010年有外媒在“两会”报道中，第一次使用了“lianghui”，用汉语拼音取代China's Congress等英文译名，“lianghui”随之成为2010年第一个年度热词；随后“中国梦”“习奥会”“金砖国家”等来源于中国内政、外交等领域的词媒体源源不断地出现。2010年的“个性假期表”、2013年的“坑爹假期”、2015年的“周末小短假”，这些有关假期的词媒体表征了网民对假期制度的态度和看法。2010年中秋节和国庆节紧挨着，复杂的假日日程安排使很多民众不胜其烦，还增加了学校补课的负担，广大网民怨声载道，由此在网上产生了一系列动画版的假期日程安排表，帮助大家明了何时放假、何时上班，同时表达了民众对国家假日办不合理安排的不满，也由此呼吁职能部门在假期日程安排上更加人性化，但国家假日办并未对此作出回应。2013年的假期安排一出炉，再次引发民众热议，迅速产生了新的词媒体“坑爹假期”。原因是当年度的假期安排仍不合理，元旦后连续工作8天，春节后连续上班7天，清明后连续上班6天，“五一”后连续上班6天，端午后连续上班7天，中秋与国庆节之间要连续上班9天，这样的假期安排不仅很难达到让民众适度休息和娱乐的效果，还增加了上班族的压力与不便，因此网民用“坑爹”这样情绪化的语言来表达不满和怨怼，同时强烈呼吁我国的假期日程安排应灵活化和人性化，能切实达到民众休假的目的。国家职能部门终于在2015年释放了新的假期安排政策信号，鼓励未来有条件的地方和单位可以根据实际情况，在夏季灵活安排工作和放假时间，鼓励错峰休假，随后诞生了新的词媒体“周末小短假”。

本书对连续8年的词媒体进行分析发现，近10%的词媒体来自新的科技产品或科技现象，科技对中国民众的影响在不断加大。美国苹果公司每次发布手机新品都会变成当年中国的词媒体，比如2010年的iPhone4s，2011年的iPad2，2014年iPhone6，2015年的Apple Watch和iphone6s，2016年的Apple Watch2和iPhone 7、iPhone 7 Plus，2017年的iPhone 8、iPhone 8 Plus和Apple Watch Series 3。中国网民用词媒体记录了苹果公司进入中国的发展历程，折射出民众对苹果产品的追捧和热爱。除了关注世界知名科技产品，网民也密切关注中国的科技进步，"嫦娥三号""北斗卫星导航系统""嫦娥五号""光明星三号""天宫一号""神舟八号""神舟九号""神舟十号"等词媒体记录了8年来中国科技工作取得的重大成就。值得注意的是，科技类词媒体在当年词媒体中的比例呈现逐年增加趋势，不仅显示了民众对科技的关注度，也反映了科技对民众日常生活的影响力在不断扩大。

从以上对词媒体来源领域的分析可以看出，当前中国政治、经济、科技、文化、社会等领域均是词媒体产生的重要来源。词媒体正在成为中国社会发展的缩影，是普通民众书写属于自己的集体记忆的重要载体。

二、词媒体的生成方式

词媒体在生成方式上遵循了"将反映主要信息的词语置于重要的位置上，并在语言的经济规律的作用下，尽可能地略去言语表达中的一些次要的词语或羡余成分"[①]的规则。词媒体直接浓缩新闻事件，方便受众了解核心信息，适应了新媒体时代人们要用有限的时间和精力接收尽可能多的信息的需求。本书选择部分年度词媒体作为样本，从语言文字学层面对词媒体的生成方式进行分类研究。

（一）直接借用式

直接借用新闻报道中的信息，是词媒体生成的主要方式。2015年互动百科共产生100个词媒体，其中直接借用新闻信息点生成的词媒体达73%。对这些词媒体进行分类可以看出，有的词媒体是直接借用新闻标题生成，如"上海外滩踩踏事故""优衣库不雅视频案""天津爆炸事故""中美互联网论坛"等；有的是直接借用新闻事件当事人的名字，如"姚贝娜""宁泽涛"等；一些来自文化产品、科技产品的词媒体，则多是借用产品或技术的名称，如"无线充电技术""速度与

① 于全有：《一种非常值得注意研究的"非常"语言现象》，《语言文字应用》2000年第1期。

激情 7”“虹膜识别”等;还有一些是借用外来词生成词媒体,如“Apple watch”“iPhone6s”“China joy”等。新闻信息中的词语在取得网民广泛认同的基础上以模因论方式迅速传播,被直接借用成为词媒体,这些词媒体准确抓住了热点新闻事件的核心信息,迎合了民众的趣味和信息需求。通过这些词媒体,民众可准确地了解新闻事件的关键信息。这类直接借用生成的词媒体数量上占据优势,凸显了新媒体对受众信息阅读模式的改变,碎片化的阅读方式必然使信息传播趋向浓缩概括。

(二)概括浓缩式

加工创造出一些形式独特、内涵丰富的词媒体,已成为网友创造力的重要体现。本书研究发现,概括浓缩式词媒体占词媒体总数的 27%。这类词媒体虽然数量上不占绝对优势,但因表现为网友对新闻事件的传神概括,集中体现了广大民众的想象力和创造力。如 2015 年 10 月互动百科热词排行榜上位居第三的词媒体“天价虾”,源于国庆长假期间网友的一条微博《天价虾被宰游客:当警察面我屈辱地掏出 800 元》。2015 年 10 月 4 日,网友肖先生到达青岛后在乐陵路 92 号的“善德活海鲜烧烤家常菜”吃饭,饭前曾详细询问过菜价,向老板确认过大虾 38 元究竟是一份还是一只,肖先生称当时老板说的是 38 元一份。但吃完饭后,老板却称大虾价格为 38 元一只,肖先生等人一共吃了 40 只,共计 1500 余元。该网友和一桌南京游客同时报警,经警方调解,肖先生一桌 1380 元,给了 800 元;南京游客一桌 2100 多元,最后给了 2000 元。旅游胜地“天价虾”宰客,相关部门的处理扯皮推诿、反应滞后,被宰游客将此事发到微博上,立刻激起了网民的热议和嘲讽,并引起国内新闻媒体的持续跟进报道,截至 2015 年 11 月 25 日,以“天价虾”为标题的新闻多达 27600 余篇[①]。“天价虾”这类词媒体虽然出自草根民众之手,内容短小,并无惊人之语,但有着不可小觑的影响力。“天价虾”词媒体热传,导致青岛城市形象受损,甚至连累山东省花费巨资打造的“好客山东”品牌形象也遭受重创。

(三)模仿已有式

还有一类词媒体是通过模仿创造出的新词,即网友利用已有词媒体的形式

---

① 参见百度搜索《天价虾》,http://news.baidu.com/ns?cl=2&rn=20&tn=news&word=%E5%A4%A9%E4%BB%B7%E8%99%BE,2018 年 6 月 20 日。

加以变形和改造，创造出新的词媒体，常见的有“＊＊门”“＊＊体”“＊＊哥”等系列。前文已分析过2010年“凡客体”的出现使“＊＊体”成为网友对现实社会某些事件或现象进行戏谑、解构的常用结构，如2015年的“何以体”“半壁江山体”“我们体”三个词媒体就是这种造词方式的延续，其中“我们体”最为典型。2015年5月29日，大陆当红女明星范冰冰在新浪微博公开与男明星李晨的恋情，随后李晨也在微博上晒出两人合影，并写下两个字“我们”作为回应。这样一个娱乐明星的私人事件在社交网站上被迅速传播并不断发酵，李晨的这条微博以3小时超过300万次的数量刷新了单条微博互动量的纪录。[①] 网友们在传播该信息的同时，不断模仿李晨的“我们”进行各种创造，一时间“我们”这个汉语中最普通的人称代词变成了恋情公开和情感告白的新方式，继而被嗅觉灵敏的商家用来进行宣传和营销。如“滴滴打车”和“快的打车”软件公司当天就在各自的官方微博上发布消息，把“我们”和两家企业logo放在一起，巧妙地用以宣传两家公司的合并。小米、京东、杜蕾斯等商家也纷纷在官微上发布“我们体”广告。商家借“我们体”进行网络营销，对“我们体”的传播起到了推波助澜的作用。一些政府机构也纷纷使用“我们体”：北京市公安局官方微博发出一张与“朝阳群众”在一起的漫画，中国维和警察官方微博晒出中国维和警察与非洲难民的合影，联合国官方微博居然也发出了一张秘书长潘基文和夫人的合影。“我们体”这种词媒体由草根网民创造，在商业企业参与、政府机构助力下变成了热门的表白方式和流行的传播现象。截至2016年3月19日，新浪微博“我们体”话题的阅读量达到9.2亿次，达到了传统媒体无法企及的受众普及程度。[②]

（四）谐音造词式

谐音造词式词媒体主要利用汉语发音的相似性来构成新词，这类新词在发音方面往往比较顺畅易读，词语内涵方面经常一语双关，能够达到幽默和反讽的多重效果，体现了广大网民的集体智慧。2015年1月1日电视剧《武媚娘传奇》复播之后，诞生了一个词媒体“捂媚娘”，由谐音“武媚娘”而来，从“武媚娘”

---

① 参见网易新闻：《“我们体”汹涌》，http://ent.163.com/15/0530/01/AQR1FVBP00032DGD.html，2018年6月18日。

② 参见新浪微博：《“我们体”》，http://weibo.com/p/100808ab4a85fc2ec4cf830e0f84aaacefcb1c，2018年6月18日。

到“捂媚娘”的演变过程，形象地表征了民众对中国影视剧审查制度的态度和看法。2014 年 12 月 21 日，电视剧《武媚娘传奇》开播，收视率一度高达 2.77 (CSM 50 城及全国收视数据)，除了演员和剧情备受关注，剧中众多女性各种大胆开放的造型尤为吸引眼球。随着观众对剧中女性袒胸露乳造型讨论升温，该剧突然被叫停。2015 年 1 月 1 日复播后，观众们吃惊地发现，剧中女性镜头都被生硬地剪辑成了只露脖子不露胸部的大头照，屏幕上呈现出大量的女性脸部特写，微博上“武媚娘复播变大头剧”的话题高居榜首，网友在跟帖和转发过程中将“武媚娘”戏称为“捂媚娘”，利用谐音创造的“捂媚娘”讽刺了这种不尊重观众观影感受的生硬剪辑影视剧镜头的行为，表达了对目前中国影视剧审查制度简单粗暴的做法的不满。在该词媒体传播过程中，很多网友表示希望借“捂媚娘”事件推动我国实行电视剧分级制度，达到既有效管理电视剧的拍摄题材和内容，又合理区分不同题材电视剧的播出时间，构建健康良好的中国电视剧生态。

（五）形象比喻式

比喻是“用本质不同又有相似点的事物描绘事物或说明道理”①。作为一种网友集体创造的文化，词媒体具有温和婉转表达民意的特征，因而经常会使用比喻的方式造词，达到含蓄表达和辛辣讽喻的效果。同时，词媒体作为一种大众文化，使用的比喻不会过于冷僻或文雅，多用一些形象、生动和通俗的比喻来以物喻物。例如 2011 年的词媒体“看海”，从语法角度看是一个动宾短语，本为欣赏海景之意，却被网友用来比喻基础设施建设落后带来的城市内涝问题。2011 年 6 月以来，我国南北方多地遭遇强降雨袭击，北京、上海、武汉、杭州等地出现严重的城市内涝，给城市交通和居民生活造成诸多不便，甚至威胁到市民的人身财产安全。网友们把严重的城市内涝形象地比喻为在城市中看海，“看海”随即成为网民心领神会的词媒体，不仅形象地描绘了城市内涝引发的地铁口水流如瀑布、街道上公交车行走如行船等各种新“景观”，也讽刺了中国城市建设中存在的隐性工程问题，表达了民众对完善城市规划建设和管理的强烈愿望。

（六）混搭合成式

这类词媒体的构成方法是指将中文与英文、汉字与拼音、文字与符号等混

---

① 黄伯荣、廖序东主编：《现代汉语》(下)，高等教育出版社 2002 年版，第 240～241 页。

合成一个词，是形成词媒体的一个常用方法，不仅读起来朗朗上口，而且表情达意清晰简洁，往往让人过目不忘。这类词媒体中比较典型的是“* * style”系列，最早的一个词是 2012 年风靡一时的“江南 style”，原本是韩国歌手朴载相推出的第 6 张专辑《6 甲》中的主打歌曲名称，这支单曲的 MV 在发行之初就被上传至 YouTube，接下来的两个月美国流行歌手在 Twitter 上对这支歌曲疯狂追捧，导致朴载相和这首歌在全世界范围内被争相追捧和模仿。这首歌曲的韩国名称是“강남스타일”，该词来源于韩国俚语，是指韩国首尔富人区江南区的豪华生活方式，歌曲的英文名称被译为“Gangnam Style”，中国网友根据发音和词意直接将其译为“江南 style”，中文与英文结合形成的词媒体完美表现了该词的含义，而且非常个性独特，成为一个表征各种不同风格的词语模式。2012 年新华网和央视报道中国第一艘航母辽宁舰顺利完成歼-15 舰载机起降训练的消息，画面中某个镜头记录了弹射指挥官背对飞机起飞方向、食指和中指指向飞机起飞方向、身体侧屈腿的姿势。出人意料的是新闻一经播出，引发众多网友膜拜和模仿弹射指挥官的姿势，借此表达自己因祖国军事力量强大而欢欣鼓舞的激动之情，词媒体“航母 style”随之诞生。

（七）借指代称式

“借代”是汉语中常用的修辞方法，“重在事物的相关性，也就是利用客观事物之间的种种关系巧妙地形成一种语言上的艺术换名。这样的换名可以引人联想，使表达收到形象突出、特点鲜明、具体生动的效果”[①]。用这种方法构成的词媒体，多是以事物自身具有代表性的部分特征来指代整体，或者用一个事物来指代与其相关的类似事物，这种方法可以形象地对当下社会的某一类问题进行概括，生成一种很常见的词媒体。2015 年的“野鸡大学”就是一个典型的使用借代方法构成的词媒体，该词来源于民国作家郁慕侠的著作《上海鳞爪》中一篇名为《野鸡大学》的文章，其中写道：“大学既多，表面上足见吾国教育的发达，求高深教育的人多，但是骨子里却并不如此简单，因为这种不良大学校，人们在它上面加着‘野鸡’两字，变成‘野鸡大学’。”“野鸡大学”成为 2015 年的词媒体，是用来指代国内外那些以营利为目的、采用易与知名大学混淆名称的假学校，也用来指代一些学生在国外购买的假文凭，同时用以讽刺当下盲目的学历崇拜和

① 黄伯荣、廖序东主编：《现代汉语》（下），高等教育出版社 2002 年版，第 248 页。

管理机构监管缺失等问题。主流媒体也纷纷使用这个词媒体来指代国内外的虚假大学和虚假文凭，例如新华网 2015 年 6 月 25 日发表题为《野鸡大学：又挖出 118 所考生注意》的报道，《南方都市报》在 2015 年 5 月 19 日发表题为《中国 201 所"野鸡大学"广东科技管理大学上榜》的报道。

从以上对词媒体构成方式的分类梳理看，直接借用而来的词媒体，具有简洁、概括、客观、中立的效果，没有意识形态的说教和价值观的灌输，符合新媒体时代信息客观准确、简洁明快的要求，传播效果往往优于传统媒体的新闻报道。运用其他多种方法加工创造的词媒体，更突显了中国网民的智慧和创造力，形式简单明快，读音朗朗上口，讽刺和批判入木三分，为中国当代媒介文化的繁荣和发展注入了无穷活力。这些词媒体不仅被传统媒体吸收和使用，还被影视剧本、相声曲艺等媒介文化形式频频使用，成为广大普通民众熟知熟用的新媒体形式。

第二节　词媒体的传播

一、维基技术为词媒体传播奠定技术基础

"web2.0"概念源自 2004 年 3 月美国奥莱理（O'Reilly）公司与 Media Live international 公司的一次头脑风暴会议，会议在分析互联网新技术和新型网站的模式后，创造性地提出了"web2.0"的概念："web2.0 是以互联网作为跨设备的平台，其应用程序充分发挥了平台的内在优势，软件以不断更新的服务方式进行传递，个人用户通过组成群体贡献自己的数据和服务，同时允许他人聚合，以达到用户越多、服务越好的目的，通过这种'参与架构'，创造性地超越传统网络页面技术的内涵，引发丰富的用户体验的网络效应。"[①]随着 web2.0 技术的日趋成熟和对中国互联网影响的加大，我国学者将其定义为："web2.0 是以互联网作为跨设备的平台，其应用程序充分发挥平台的内在优势，软件以不断更新的服务方式进行传递，个人用户通过组成群体贡献自己的数据和服务，同时允许他人聚合，以达到用户越多、服务越好的目的。"[②]Web2.0 时代，网络社会

① See Tim O'Reilly, Web2.0: Compact Definition?, http://radar.oreilly.com/2005/10/web-20-compact-definition.html，2018 年 6 月 9 日。

② 匡文波：《新媒体概论》，中国人民大学出版社 2015 年版，第 76 页。

化和个性化的理想得以实现，个人成为网络中真正的主体，互联网的生产方式发生根本性变革。通过 XML 和接口协议，blog（博客）、RSS（简易聚合）、webservice（web 服务）、开放式 API's（开放式应用程序接口）、wiki（维客）、tags（分类分众标签）、bookmark（社会性书签）、SNS（社交网络）、ajax（异步传输）等一系列应用在 Web2.0 体系下得以形成。

美国《时代周刊》评选出的 2006 年度人物是互联网上内容的所有创造者和使用者，这一评选结果表明伴随着 web2.0 时代传播机制的根本性变化，个人已经演变成为“新数字时代民主社会”的公民。首先，互联网上信息传播以微内容（micro-content）为基础，微内容是指在网络上至少拥有一个唯一编号或地址的元数据和数据的有限汇集，如博客的应用中，一条评论、一张图片、一个超链接等都是微内容，通过聚合、管理、分享、迁移这些微内容，可进一步组合成各种个性化的丰富应用。其次，互联网传播的开放性得以更好的彰显。web2.0 时代的开放性主要体现在两个方面：第一个方面是架构开放、API 开放，鼓励用户的参与和贡献，使网站功能得到最大限度的拓展和传播；第二个方面是版权开放，web2.0 免费提供软件代码，更多用户可以参与到软件产品的合作开发中。最后，网络用户参与的社会性和交往性得以加强。在 web2.0 时代，网络用户并不是孤立的个人，而是以自组织的方式让个人、群体、内容和应用充分连接起来，带来更多的用户互动并产生丰富内容，使网站服务的使用价值和吸引力大为提高，这种社会性集中体现为社交网络以认识朋友的朋友为基础并且可以无限扩张人脉。

web2.0 传播机制的开放性、聚合性、参与性和社会性促使知识内容的生成和传播也发生了变化，这种变化的一个明显表现是人们从习惯于借助字典和百科全书了解陌生的知识或词语逐渐演变为越来越多地借助网络的搜索引擎来解决这个问题，这种变化的技术基础即源于维基技术的发展和应用。“维基”（wiki）一词源于夏威夷语“wee kee wee kee”，意为“快点快点”。1995 年 3 月 25 日，在美国普渡大学计算机中心工作的沃德・坎宁安为了方便社区群落方式的内部交流，开发了一套名为波特兰模式知识库的工具，在建立这个系统的过程中创建了维基的概念和名称，并实现了支持这一概念的服务系统。这是一种超文本系统，它允许用户通过 web 搜索引擎自由创建和编辑 web 网页内容。用户可以使用十分简单的方法对维基文本进行浏览、创建和更改，而且创建更

改发布的代价远比 HTML 文本要小。因此，维基技术的产生和发展不仅为人们提供了一种面向社区群落的协作写作，还提供了一组支持这种写作的辅助工具。更重要的是维基构建了全新的网络知识库，这是一个所有的人都可以贡献知识、参与编写的知识库，是一个全社会信息交流和协同工作的新平台。

维基技术具有编辑方便、标记简单、网页自动链接等优势，这也是它能很快被人们喜欢和接受的主要原因。一般来说，维基技术的特点有以下三个方面：

第一，开放与协作。wiki 技术提供了一种简化的编辑方式，社群的成员都可以通过 web 界面上的编辑工具，简单快捷地对词条进行创建、修改和删除，任何用户都可免费下载、引用、收藏以及分享词条内容。以往 web 界面编辑需要使用复杂难懂的代码、HTML 语法等专业的编辑技术或者软件，而 wiki 技术则没有复杂的操作规则，用户不需要另外借助其他特殊的工具，只需要熟悉基本的编辑规则，用纯文字内容的输入就可以创建编辑词条，大大地降低了词条创建和管理的门槛。wiki 还是一个协作共创系统，该系统中的内容并不封闭，而是可以随着不同参与者的参与不断被注入新鲜血液，wiki 技术要求社群的成员具有合作精神，借助群体力量不断对系统中的内容进行修改、充实和完善。因此，wiki 技术的应用领域越来越广，除维基百科外，基于同一主题的共享协作、资源共建、学术课题的协作研究、传统会议拓展等也在使用 wiki 技术。

第二，共创与共享。在 wiki 技术出现之前，只有网站管理者才能在网站上创造和发布内容，用户只能浏览和阅读网站内容，而没有编辑内容的权限。wiki 系统要求社群成员积极参与到内容编辑中来，大家共同创作，分工合作，完成某项任务。wiki 系统可以高效地管理不同版本的内容，为了防范他人恶意篡改，每次修改内容都会被保存下来，便于日后检查和复原。如果系统出现故障或网站遭到恶意攻击，待事故处理完毕后，网站管理人员可以把词条信息恢复到最正确的版本，以保障词条建设的有序化。而系统内页面的变动都可以被访问者以及社群的每一个成员所共享，他们可以是互联网上的某一个普通用户，可以是某一领域的权威专家，也可以是某一领域的资深爱好者，虽然大家来自全球各地，有着不同的身份、知识与文化背景，但是可以共同创造知识，共同分享知识。

第三，平等中立。wiki 技术将平等的理念展现得淋漓尽致，基于 wiki 技术的每一个社群成员都享有同等的权利，任何一个用户都可以编写词条、修改已存在的信息、删除和反对词条，系统中每一个成员对内容的每次编辑和修改都会被保存下来，以备查看。wiki 技术核心目标之一是在“人类知识”的定义下呈现所有的观点。所谓“人类知识”，是指包括在不同题目中的所有不同观点。因此，所有参与编纂的人员都要本着以客观事实为依据的原则进行信息发布和修改，尽量避免主观性言辞，同时避免某一观点的某种倾向性，尽最大努力保持中立，不在文字中主张其中任何一个观点是正确的，把所有有争议的观点表达出来，真正践行“真理越辩越明”，所有参与者都可自主思考和独立判断。

Wiki 技术是 web2.0 时代最具有启示性和革命性的重大技术突破，它主张自由、合作、信任、开放和共享，为人类提供了一种新的信息集成方式。全世界的人们可以根据同一主题进行协同创作，即“设定宏大目标，通过网际协作，将分散的个体创造能量聚集到同一目标的……系统运行中其创造成果为全社会所共享”[①]。正是基于 wiki 技术、web2.0 技术和 GNU 自由文档协议的发展，一种欢迎广大网民积极参与、贡献智慧、编写内容的新型网站开始出现，其中最典型也是最著名的是维基百科（wikipedia），国内的互动百科、百度百科、MBA 智库等百科类网站近年来也获得蓬勃发展。

二、互动百科为词媒体打造传播平台

2001 年 1 月维基百科创立后，同年 5 月启动了 13 个非英语版的计划，其中就包括中文版，这是全球第一个中文性质的开放型网络百科，但由于一开始不支持中文输入，直到 2002 年才开始有人编辑。截至 2004 年 1 月 6 日，中文维基百科注册用户数才突破 2000 人，中文条目刚突破 4000 个。[②] 维基百科中文版给中国本土维基类百科网站的发展创造了时机。中国互联网发展的一个模式便是先复制国外模式，然后进行本土化创新，QQ 之于 MSN、百度之于 Facebook、微博之于 Twitter 都是如此，中国维基类百科网站的发展也同样如此。

我国第一个自主创立的维基类网站“网络天书”成立于 2003 年（域名 http://www.cnic.org），其内容包括百科、方言、网络经典、新闻等，该网站虽然充分体现了自由、开放、协作和共享的维基精神，但它并没有明确的定位和目

① 高钢：《谁是未来新闻的报道者？——维基技术的本质及对新闻报道的影响》，《国际新闻界》2008 年第 6 期。

② 参见李小宇、罗志成：《中文维基百科演化趋势与政策环境结构研究》，《情报杂志》2009 年第 2 期。

标。2005 年 7 月，互动百科(www.hudong.com)正式上线，这可以说是我国第一个综合性的百科网站。互动百科是互动在线(北京)科技有限公司开发的维基类百科平台，致力于为数亿中文用户提供海量、全面、及时的百科信息。2006 年11 月，互动百科发布了全球第一款免费且开放源代码的中文互动维基开源建站系统(HDwiki)，这是全球唯一一款拥有自主知识产权，并向用户免费开放源代码的百科网站系统。2006 年 4 月，百度公司也推出了百度百科的测试版，并于 2008 年 4 月正式发布，它以强大的搜索引擎为支撑，迅速发展成为国内外认知度最高的网络百科之一。2009 年 3 月，腾讯公司旗下的搜搜百科也上线运营。

除了综合性的百科网站，我国还陆续出现了一批专注于某一领域的专业维基类百科网站。其中具有代表性的是创办于 2006 年的 MBA 智库，该智库专注于经济管理领域知识的分享，包括企业管理、市场营销、MBA 案例、人力资源等。该网站号称是“全球最大最专业的中文经管百科，主要为中国各企业管理人员和各大院校的企业管理学生提供管理资讯及技术服务”。其他的专业百科还有专门收集 IT 信息的科技中国、以介绍中国文化为主要内容的中华维客、太平洋网络的家居百科、360 软件百科、PPS 影视百科、和讯财经百科等。这些开放型网络百科全书类网站的运营方式主要分为两种：一种是独立运作，另一种是附属运作(见图 2-2)。其中百度百科和搜搜百科是附属运作的典型代表，互动百科是独立运作的典型代表，本文的研究对象词媒体主要是从这个网站平台生成和传播推广的。

赴美留学的潘海东回国后于 2005 年创建了互动百科，它现已发展成为国内基于维基技术建站运行的知名中文百科网站。互动百科以“为中国用户提供全面、及时、有效的百科信息为己任，不断完善维基技术平台和服务质量，探索出一种高效的信息创作与共享模式，构建起一个知识大陆，促进知识的跨文化传播与交流，提升中国本土知识的吸引力与影响力。截至目前为止，在互动百科平台共产生了 1055 万个词条，1200 万张图片，产生出来 1.2 亿次编辑，共有 836 万人参与词条编辑”①。

---

① 参见《互动百科》，http://www.baike.com/，2018 年 6 月 15 日。

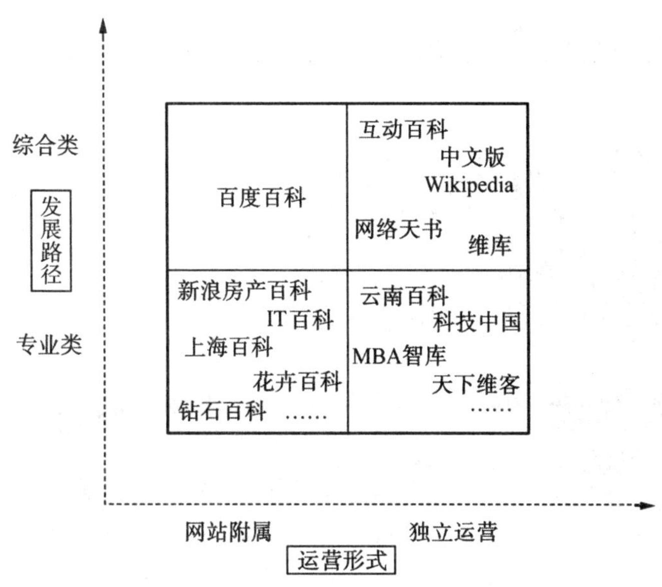

图 2-2　中国开放型网络百科全书的发展路径和运营形式

互动百科以互动百科网为核心，网民可免费浏览网站中的所有内容。互动百科把参与词条编辑的注册用户称为“智愿者”，他们是免费贡献脑力知识的志愿者。智愿者们不仅具有一定的文字编辑能力，对某个知识领域有专业背景或浓厚兴趣，而且比较熟悉 wiki，可以按照互动网站提供的编辑规则和流程参与词条编写，是互动百科的中坚力量，同时互动百科也采取各种刺激措施鼓励用户积极生产词条。互动百科逐渐成为中国媒介文化中网络词语的发源地和发散地，大量的新词、热词在互动百科上生成并传播出去，网站的影响力也随之逐渐扩大。这一趋势已经引起传统媒体的注意，一些传统媒体的记者和编辑会在每天的固定时间登录互动百科查看当日“新词”，从中发现第二天新闻选题的线索。互动百科 CEO 潘海东及时捕捉到这一需求，确定以“词媒体”概念来打造全新的互动百科。

为体现以词媒体为核心的全新网站定位，网站首页推荐词条的排序以当日词条所具新闻价值大小为标准，将更具有新闻性的词条排在网站首页。为引导网民点击词条，网站还用新闻标题做导航，为网民解读新闻提供背景信息。

图 2-3 互动百科 2015 年 10 月 25 日网站首页截图

如图 2-3 所示，2015 年 10 月 25 日互动百科的网站首页根据当天最热的新闻事件筛选词条放在首页头条滚动展示，截图中展示的是加拿大新总理贾斯廷·特鲁多，点击图片可进入有关贾斯廷·特鲁多的专题报道，内容包括对贾斯廷·特鲁多家族和个人的详细介绍。头条新闻的下方是话题分类，第一类是科学类，首页依次展示了科学领域中当天最热的三个词语，分别是“篮子鱼”“香蕉”和“美国护照”，通过热词链接可进入该词专题。当天习近平总书记访英尚未结束，在网站右侧上端有专门的图片加以展示，点击图片可进入习近平访英的专题报道。热词“罕见病”则被制作成动画图片放在网站右侧下端，可直接点击该词进入专题链接。互动百科网站与其他门户网站最大的不同在于，它将热点事件凝结为词语，简单快捷地在网站上展示，方便广大网友按照自己的需要迅速进行检索和浏览。

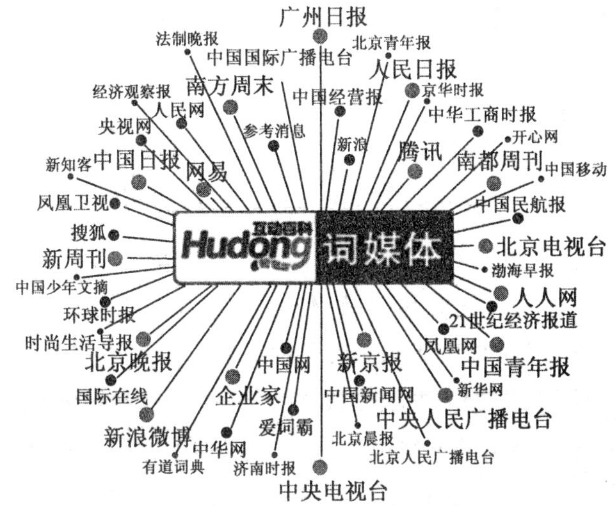

图 2-4　互动百科词媒体联盟图

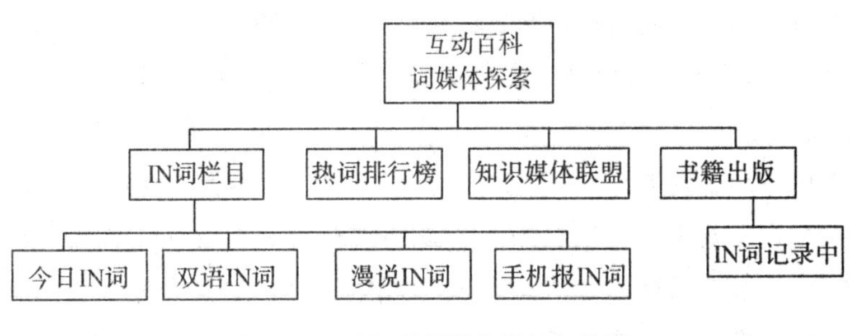

图 2-5　互动百科词媒体栏目架构图

三、词媒体实现去层级化的互动传播

现代传播学的奠基人威尔伯·施拉姆曾说："信息与思想在社会上川流不息。大众媒介对流经其中的信息直接或间接地产生巨大的影响……事实上，所有人大概都在影响信息的流动，只是时机、方式、领域、角色不同而已。"① 在以web2.0 技术为基础的社交媒体时代，词媒体作为一种新媒体形态，其传播过程是人际传播与大众传播混合、互联网与传统媒体交互影响的去层级化的互动传播过程。

① ［美］威尔伯·施拉姆、［美］威廉·波特：《传播学概论》，何道宽译，中国人民大学出版社 2015 年版，第 125 页。

“人际传播”(Interpersonal Communication)是指“个人与个人之间的信息交流。人际传播的形式可以是两个人面对面的直接传播,也可以是以媒体为中介的间接传播。前者主要以语言表达信息,用表情、姿势来强化、补充、修正语言的不足,它可以使传者与受者直接沟通,及时反馈信息,共聚一堂,促膝交流,产生亲切感,从而增强传播的效果。后者使用的媒介主要有电话、交互电视、计算机网络、书信等,它可以使传者与受者克服空间上的距离限制,从而提高了传播的效率”①。在传统媒体时代,人际传播的范围和影响都十分有限。而在web2.0时代,互联网的交互性和开放性彻底改变了人际传播的时空局限性。互动百科网站以开放与协作、共创与共享、平等中立为特征的维基技术为基础,在词条的创建、编辑和生成过程中充分显示了利用互联网进行人际传播的过程。广大草根网民在关注新闻的同时可以在网络上即时发表评论,在发表新闻评论和相互应答的过程中,网络新词就被创造出来,甚至很难考证谁最先说出了某个网络新词。其实网民并不关心究竟是谁首创了某个新词,而主要关注该词是不是能准确、形象和生动地表达普遍民意,一旦得到部分网民认可和使用,“沉默螺旋”的效应就会发挥作用,该词的影响力会呈几何倍数增长,并且很快在互动百科中形成词条。词条创建之后,很多热衷于编辑和传播词条的网民会对该词条进行反复编辑、修改和释义,这些人被互动百科网站称为“智愿者”。这些“智愿者”大多具有一定的人文和科学素养,能从词条的来源、意义和用法等多个角度对网络新词进行诠释,搭建起网络新词与新闻报道之间的关系链条,词媒体也就应运而生了。这个过程是一个利用互联网平台实现人际传播的过程,每个“智愿者”都可以发表自己的意见、修改前人的评论、扩充词媒体的释义内容,这些修改都会被完整地保留下来,作为其他人浏览和评论的文本。在这个过程中,无论是草根网民还是互动百科的注册“智愿者”,都没有官方意识形态的附加,都致力于如实表达普通民众的心声和态度,因此通过互动百科这一互联网平台,草根民众之间的人际传播在更大的范围内得以实现,这是词媒体产生的重要途径。

---

① [美]莱斯莉·A.巴克斯特:《人际传播:多元视角之下》,殷晓榕等译,上海译文出版社2010年版,第1页。

漫说IN词

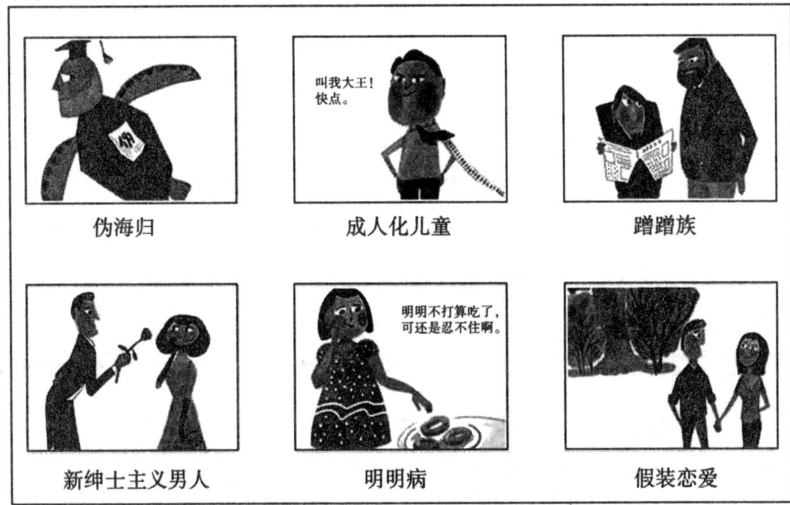

图 2-6　互动百科词媒体栏目——今日 IN 词截图

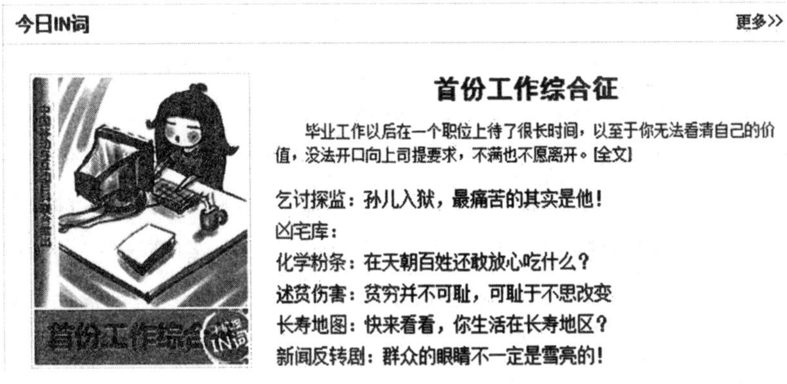

今日IN词　　更多>>

首份工作综合征

毕业工作以后在一个职位上待了很长时间，以至于你无法看清自己的价值，没法开口向上司提要求，不满也不愿离开。[全文]

乞讨探监：孙儿入狱，最痛苦的其实是他！

凶宅库：

化学粉条：在天朝百姓还敢放心吃什么？

述贫伤害：贫穷并不可耻，可耻于不思改变

长寿地图：快来看看，你生活在长寿地区？

新闻反转剧：群众的眼睛不一定是雪亮的！

首份工作综合征　IN词

图 2-7　互动百科词媒体栏目“漫说 IN 词”截图

截至 2017 年底，互动百科已经发展成为由超过 1200 万用户共同打造的拥有 1700 万词条、2500 万张图片、5 万个微百科的百科网站，新媒体覆盖人群 1000 余万人，手机 APP 用户超 2000 万。[①] 如果仅仅是一个词媒体平台，作为商业网站的互动百科很难长期运营下去。互动百科成功的关键因素是实现了词

---

① 参见 http://www.baike.com/wiki/%E4%BA%92%E5%8A%A8%E7%99%BE%E7%A7%91&prd=so_auto_doc_list，2018 年 6 月 15 日。

媒体从人际传播向大众传播的过渡。“大众传播”(Mass Communication)是指“社会媒介组织通过文字(报纸、杂志、书籍)、电波(广播、电视)、电影、电子网络等大众传播媒介,向社会大众公开地传递自己用各种手段复制的信息的社会实践活动的全过程”①。为了实现词媒体的大众传播,互动百科开辟了“词立方”“锐词报”“锐词榜”“十大热词”“手机报 IN 词”等词媒体栏目,对每天在互动百科平台上产生的热词和新词进行系统整理、归类和发布。在这些栏目中,词立方栏目包括“今日 IN 词”“漫说 IN 词”“双语 IN 词”。“手机报 IN 词”是与中国移动合作的栏目,以轻松诙谐的漫画配合每日一词,在移动手机客户端和网站端同时上线。互动百科还根据词的点击量和编辑量生成“十大热词”榜单,榜单包括“日榜”“周榜”“月榜”和“年榜”。互动百科网站方便快捷地展示了最新最热的词媒体是什么,一目了然地公布公众的关注点在哪里,从而成功地实现与其他媒体的商业合作,在推动词媒体的大众传播中,实现了自身商业利益,也扩大了词媒体的影响力。

在实现词媒体大众传播过程中,互动百科打造出一个“词媒体服务平台”,通过提供词媒体的方式与其他媒体合作,形成“知识媒体联盟”。互动百科与500 多家传统媒体和 SNS 站点、手机报等新媒体达成战略合作关系,互动百科有专人负责定时向合作媒体推送他们需要的词条内容,帮助传统媒体从中寻找新闻线索,挖掘新闻背后隐藏的信息。目前,《新周刊》的“锐词”栏目、《南都周刊》的“新词”栏目都是通过与互动百科合作开辟的。在《南都周刊》的副主编林斌看来:“一个杂志的新锐不仅表现在立场和选题,其实也表现在杂志形态和传播形态的探讨,这种合作形式是被读者认可的。”②《新京报》《广州日报》《扬子晚报》《长江日报》等传统媒体的报道中也纷纷使用“克强指数”“剩女”“比特素养”等来自普通网友智慧的词媒体。互动百科还将网站上的 IN 词汇集成书,先后出版了《互联网扶贫书》和《IN 词纪录中国》。这些书中收录了“手机报 IN 词”栏目的词汇,还有依据点击量和编辑量选出的每月十大热词。互动百科记录大众的时代集体记忆,成为草根阶层和精英阶层对话的重要平台,也给新闻传播学、语言学、社会学等学科领域提供了新的研究对象。

---

① 郭庆光:《传播学教程》,中国人民大学出版社 2011 年版,第 98 页。

② 转引自王令飞:《词媒体记录时代声音》,《上海信息化》2013 年第 1 期。

从词媒体的产生和传播过程可以看到，通过互动百科这一网络平台，词媒体来源于草根网民的集体创造，通过网民自发传播和商业网站的专业推广，产生了巨大的社会影响力。随着词媒体影响力的扩大，主流媒体为了拉近与读者的距离，积极使用网络空间生成和传播的词媒体，为词媒体提供了更广的传播渠道。从兼容人际传播和大众传播两种渠道看，词媒体真正实现了去层级化、去中心化、平等互动传播，鲜明准确地体现了新媒体时代的传播特质。

第三章　词媒体的生产者和接受者

从上文的分析可以看出，词媒体在内容和主题上是草根民众社会心态的实时反映，在传播路径上实现了从网络平台向主流媒体的逆向传播。词媒体作为民间舆论场中草根民众集体发声的产物，其生产者和接受者高度融合，均来自当下中国社会规模庞大的网络受众。

第一节　新媒体时代的网络受众

一、网络受众的界定

所谓“受众”是指“大众传媒的信息接受者或传播对象”①，是信息传递活动的目的，在信息传播过程中占有非常重要的地位。“受众”本身是一个集合概念，在传统媒体时代泛指书籍、报刊的读者和广播、电视、电影的受众。这是一个与新闻传播者相区别的一个相对固定的群体，他们在信息传播过程中只能被动地接受新闻传播者所传播给他们的完全一致的信息内容。在以 web2.0 技术为基础的新媒体时代，受众群体中增加了一个重要的组成部分——网络受众，他们与传统媒体时代的受众有着本质区别。词媒体作为一种新媒体形态，它的生产者和接受者必然来自于这一群体，拥有网络受众的基本特征。

“网络受众”，又被称为“网络媒体用户”，是指“在新媒体中，无论是信息的发布者还是受众，他们首先都是网络媒介的共同使用者，有条件的受众，既可以

① 郭庆光：《传播学教程》，中国人民大学出版社 2011 年版，第 155 页。

在网上接受信息，也可以发布信息，而且信息的接受者可以是一个人，也可以是一个组织、团体或国家”[①]。互联网的普及和应用实现了信息的多向互动传播，与传统媒体时代旧有传播模式相比较，这是一个根本性变革，它赋予了网络受众前所未有的参与权利，促使他们由信息的被动接受者变为主动传播者，可以随心所欲地从海量信息中寻找自己所需要的信息，随时随地参与到网络媒体的传播活动中，从而实现媒体与受众的双向交流。传者和受者之间的壁垒被打破，传、受双方趋于融合。与传统媒体时代的受众相比，网络受众规模空前庞大，而且具有自主寻求、获取和传递信息的客观条件和主观需求。

从 1994 年全面接入互联网以来，中国网络受众数量和规模呈现快速递增趋势。这一趋势出现的原因主要有：第一，随着中国经济的高速增长，在人们购买力日益增强的同时，电信部门的上网资费在不断下降，接入互联网的门槛越来越低。第二，随着产业技术进步和网络运营商的重组和竞争，网络接入的软硬环境不断优化，网络终端产品的价格不断下降，网络产品的性能和用户体验日益优化完善，大大降低了网络使用的成本。第三，现代社会普通民众生存状态呈现分散化和原子化特点，信息获取、人际交流和社会交往越来越依赖网络虚拟空间，导致网络用户数量不断攀高。第四，随着中国教育事业的发展，计算机网络知识和技能在草根民众中迅速普及，中青年人普遍实现网络化生存，很多老年人也逐渐学习掌握了上网技能。第 42 次《中国互联网络发展状况统计报告》显示，与 2017 年底相比，60 岁以上高龄群体的占比有所上升，互联网继续向高龄群体渗透。在多方面原因的综合作用下，中国互联网的普及率和网民的规模还会继续不断攀升。

二、网络受众的心理动机

如果说当下中国经济发展和科技进步只是为网民规模增加提供了客观条件，那么各类网络新媒体技术和平台的涌现则极大地满足了广大民众的需求，促使他们主动拥抱互联网。大量普通民众主动拥抱互联网的心理动机主要有以下五个方面：

① 匡文波：《新媒体概论》，中国人民大学出版社 2015 年版，第 43 页。

1. 求知动机

获取知识和信息是民众接入互联网最普遍、最常见的一种心理动机。互联网开启了信息共享和知识碎片化的时代，获得知识的渠道多元而丰富，极大地满足了广大草根民众多样化的知识需求，因此，利用互联网获取需要的信息是草根民众接入互联网最普遍的心理动机。通过网络主动寻找自己所需要的信息和知识，而不是接受宣传教育，成为网络受众有别于传统媒体受众的最大特征。

2. 娱乐动机

利用互联网海量信息和各类便捷的网络应用，在网络空间"冲浪"，追求精神享受和身心娱乐，消除疲劳，释放压力，成为越来越多草根大众的不二选择。

3. 社交动机

随着互联网的普及，一个与现实世界并驾齐驱的虚拟世界脱颖而出，网络社会已然形成，网络空间成为人们社会交往的重要空间。在网络交往的场域，人们可以忘却现实世界的身份地位差别，草根民众可以变成众人追捧的网络达人、意见领袖，他们凭借自己的能力和才华获得了在现实世界中不可能得到的名望和利益，这种巨大的成就感成为网民寻求网络化生存的重要动机。移动互联网下的社交媒体泛在化，更是为网络社会交往带来空前的便利。"无社交，不网络"已变成现实。

4. 便利生活动机

互联网技术为电子商务发展创造了前所未有的条件，越来越多的商家把店铺开到网上，建立各种 O2O 网络平台，线下的物流网络也越来越完善和发达，物联网技术日趋成熟，网上购物、网上订餐、网上营销等已深度融入民众生活。当下中国，几乎全民加入网上购物大潮，不使用微信、支付宝等网上支付工具的人越来越少。出门只带手机、不带钱包已畅行天下。

5. 逃避动机

互联网构建的虚拟世界改变了传统媒体时代人们依赖血缘、地缘等物理条件相互交往、建立人际关系的模式，网络单子化生存使个体得以摆脱与周围其他人的关系依赖，在网络空间获得情感支持和精神慰藉，回避和摆脱现实生活中的矛盾与冲突，这是越来越多的人深度触网的心理动机之一。事实上，普通民众接入互联网的动机往往十分复杂，是多种动机综合作用的结果，但主动选择而非被动接受，是网络受众与传统媒体受众相比本质不同之处。

社会发展、技术进步和普通民众的需求，共同促进了中国网络受众规模的不断扩大。不同性别、地域、年龄、学历和职业的网络受众，第一次拥有了主动选择信息和参与传播的权利，共同创造了一个迥异于传统媒体时代的信息传播格局。但值得深思的是，网络受众群体在行使权利时，表现出明显的趋同特征：首先，网络受众虽然比传统媒体受众更积极主动，但他们同样遵循美国传播学者施拉姆提出的信息选择或然率公式：选择的或然率＝可能的报偿/费力的程度。[①] 也就是说，网络受众受时间成本和便利性影响，他们在网上依然会选择依赖他人、依赖系统、依赖关键词等方式来获取他们所需要的信息。其次，网络受众的行为有较强惯性，这一特点表现为网络受众通常会习惯性地接受来自自己所信任和熟悉的网站或应用发布的信息，这是受众面对网络海量信息降低信息获取成本的常用方式，因此网络用户往往容易形成信息渠道依赖。这可以进一步解释今日头条、天天快报等运用算法推送信息造成的“信息茧房”现象。最后，网络受众更加群体化和社会化，受众群体化的实质是人类原本就有的社会化生存方式在互联网时代被空前强化的表现。网络空间看似孤立的个体事实上随时会受到他人影响：网络用户发表的评论、某个链接的点击量或一个关键词的搜索热度都会不同程度地影响其他网络受众对信息的选择。因此，网络受众对信息的需求和评价，往往不是基于自己的独立判断，而是在与他人的互动过程中形成认识和观点，其中一些认识和观点还会表现为一种集合性意见，甚至会体现为强大的网络民意，改变社会舆论的走向。规模不断扩大、意见逐渐趋同的网络受众为大量词媒体的诞生和传播做好了准备。

第二节　词媒体是一场全民造词狂欢

一、词媒体的创造主体

网络受众的主体是中国社会的草根大众，“草根”(Grassroot)一词有两层含

---

① 参见[美]威尔伯·施拉姆、[美]威廉·波特:《传播学概论》，何道宽译，中国人民大学出版社2015年版，第106页。

义：一是指网民多属于普通大众；二是指网民一般难以通过官方主流媒体发声，其传播信息、表达意见、参与讨论的主要渠道是网络。“大众”一词是伴随工业革命、资产阶级革命和大众传播的发展，传统的社会结构、等级秩序和价值体系被打破以后，对那些失去了统一的行为参照系，变成孤立、分散、均质、原子式的社会成员的指称。[①] 从对大众的界定可看出，词媒体的生产主体不是传统社会的平民，而是网络社会的大众，或者称作现代社会的公民。他们自身拥有两大特点：第一，广泛接受了普及教育，现代社会的普及化教育使公民的平均教育水平远远超过历史上任何时代。第二，伴随当代科学技术和大众传播业的突飞猛进，现代社会的公民同科学、技术和媒体紧密地联系在一起。以 web2.0 技术为基础的互联网赋予现代社会公民的话语权，使他们能将自己的声音和态度传播出去，娱乐自己或影响他人。这在前互联网时代是不可能做到的。

由于网络受众的趋同性特征，又会使获得普遍认可和共鸣的信息被大量复制和传播。词媒体这一集娱乐、民意、舆情于一体的新媒体形态，就是由人数规模庞大、行为趣味趋同的网络受众所创造，他们或主动或被动地参与网络造词，形成一场人人创造、人人传播、人人调侃、人人发泄的全民造词运动，成为一道独特的网络狂欢景观。“狂欢节不是一个为人们观看的场景，人们在其中生活，人人参与，因为狂欢节是一个全民性的，无所不包的亲昵交际。”[②]参与这场造词狂欢的大部分网络受众，已经将词媒体的生成与传播视为自己生活的组成部分，习惯于用这些词媒体表达自己的意见倾向和思想情感。

参与词媒体的生产网络受众，大致可以分为两种类型：

第一种类型是类似“自由民”的草根网民。web2.0 技术带来的传播互动性和匿名性特征为普通民众参与信息生产和传播创造了条件，使网络受众的话语权得到空前解放。一大批分散而活跃的草根民众聚集在网络空间，他们聚合和传播信息，不再只是被动接受信息而是主动创造信息，其言论和行为往往跳脱组织控制和专业把关，并且刻意规避官方话语和意识形态的影响，往往根据个人意愿和兴趣发表言论和传递信息。这些草根网民大多比较关注时事新闻，热衷于在网络空间发表评论或表达意见，在编发评论的过程中往往会有新词诞

① 参见郭庆光：《传播学教程》，中国人民大学出版社 2011 年版，第 151 页。

② ［美］刘康：《对话的喧声：巴赫金的文化转型理论》，北京大学出版社 2011 年版，第 7 页。

生。如果这些新词具有独特新鲜的形式、言简意赅的含义、诙谐幽默的态度，并且能够精准到位地反映某个社会热点事件或触动人们的某些敏感心理，那么就能迅速吸引网民的注意，调动他们的情绪，使更多人参与到该词的生产和传播中来，最终形成一个大多数网民都认可和接受的词媒体。在这个过程中，很难考证谁是词媒体的第一个创造者，网民也并不在意词媒体的“发明权”归属，而是满足于网络民意的精准表达和由此带来的心理成就感。可以说，词媒体是网民集体生产的产物。2014 年 3 月 28 日，知名艺人文章出轨恋上姚笛被狗仔偷拍，《南方娱乐周刊》发微博相约“周一见”，但在网络传播环境下该消息被提前曝光，引发网友大规模讨论。3 月 31 日凌晨，文章妻子马伊琍写了一条微博：“恋爱虽易，婚姻不易，且行且珍惜。”短短 13 个字的声明传递了夫妻初步和解的信息，引来网友竞相模仿，一时间网络上各种“马伊琍体”随处可见，成为表达无奈隐忍情绪的一种方式。如体育迷说：“赢球虽易，连胜不易，且行且珍惜。”白领说：“生存容易，生活不易，且行且珍惜。”领导说：“失业虽易，就业不易，且行且珍惜。”IT 男说：“线上虽易，线下不易，且行且珍惜。”情感专家说：“选择虽易，坚持不易，且行且珍惜。”小编说：“看博容易，发博不易，且看且珍惜。”究竟模仿马伊琍的博文造句的第一人是谁则无从可考，但这并不影响人们用“马伊琍体”的词媒体表达在困境面前自己的无奈和妥协。

第二种类型是专业网站从事词条编辑的注册用户。上文曾经分析过，维基(wiki)技术是 web2.0 时代最具有革命意义的技术，它为人类提供了一个崭新的信息创造模式，这个模式就是通过网络组织大规模协作以获得无限创造能力并使其创造物为社会共享。词媒体在被网民集体生产出来之后，专业网站就是利用维基技术聚合专业的网络受众对其进行进一步的编辑和诠释，不仅将其表征的热点事件解释清楚，并且将其形式固定下来，便于更多人理解、接受、使用和传播。以互动百科为例，在该网站从事词条编辑工作的注册用户被称为“智愿者”，截至 2018 年 6 月 24 日，互动百科网站共注册了 12509520 位“智愿者”，共编辑了 17274655 个词条。[①] 这些“智愿者”相较于广大草根民众，有着更好的教育背景和更强的文字编辑能力，不仅可以熟练使用维基技术，还对某个知识领域有浓厚的兴趣和专业的认识，具有公共知识分子的特征。他们必须经过互

---

① 参见互动百科，http://www.baike.com/，2018 年 6 月 2 日。

动百科网站的筛选，接受站务辅导并通过测试和审核，才能成为活跃在网络上的“知识志愿者”，主要从事词条的编辑、释义、校对、把关等重要任务，在工作过程中实践了平等互助的维基精神，是互动百科的核心成员。

“智愿者”不仅要有浏览网络中各种新闻、贴吧、论坛和跟帖的能力和习惯，还要及时作出相应的反应，包括收集和整理最新出现的各种网络新词、针对某些新闻事件或者社会现象编写词条等。作为“智愿者”，必须具有一定的人文修养，能对收集或创建的新词进行来源、意义和用法的诠释。在互动百科网站上，“智愿者”是以一种群体协作的方式完成对每个词条的编撰工作的。每个“智愿者”都可以对自己感兴趣的词条进行编辑和修改，发表自己的建议和意见，对词条内容进行补充和扩展。每个人对词条作出的修改和编辑都会被保留在网站上，以供他人参考和借鉴。因此，每一个词媒体从形式到内容的成熟完善是依靠维基技术集体协作的成果。例如 2014 年的词媒体“APEC 蓝”，特指 2014 年亚太经合组织（APEC）会议临近之时，政府对北京及周边五省市采取的一系列措施逐渐显效。北京市环保监测中心监测数据显示，2014 年 11 月 3 日上午 8 点，北京市六城区 PM2.5 浓度为每立方米 37 微克，接近一级优水平，天空呈现罕见的蔚蓝，被网民戏称为“APEC 蓝”。很快，来自新闻传播专业的老师和环境学等专业的大学生等 6 位“智愿者”们对“APEC 蓝”这个词进行了 15 个版本的修改和编辑，最终形成了从包括词语含义、政府治理措施、产生的影响、国外经验、专家观点、检测数据对比、雾霾影响和各界评论等八个方面对“APEC 蓝”进行释义的版本。

词媒体的生产者中，有广大普通网民，也有具备一定专业知识的“智愿者”，他们在造词、修改和编辑词媒体的过程中均没有现实组织身份的限制和官方意识形态的注入，因此他们创造的词媒体可以基本反映真实的民意和民情，很容易得到更多网民的接受和认可。即使是那些直接借用新闻报道词语而形成的词媒体，因其是由网民提炼和发掘而来，得到更多网民的接受和认可，所以也应视为由网民创造。由此可见，在词媒体的形成和传播过程中，生产者和加工者都是当下中国社会的广大草根民众，他们创造的词媒体是当之无愧的大众自己书写的时代记忆。

二、词媒体的接受主体

为了更科学、准确地分析词媒体的受众，笔者于 2014 年 6 月 15 日至 2015 年 7 月 1 日陆续在北京、天津、秦皇岛、西安和威海 5 座城市的高校、企事业单位、门户网站和餐饮娱乐场所进行调研，被调研人群年龄从 15～65 岁，学历从初中到博士以上，调研采取走访座谈和问卷调查两种形式。其中发放有关词媒体的调查问卷 468 份，收回 457 份，其中有效问卷 452 份，通过 SPSS 数据统计软件分析，信度检验值为 0.76＞0.60，效度检验值为 0.72＞0.60，因此这次问卷调查的结果是可信和有效的。通过长达一年的调研，对词媒体的受众作出如下分析：

第一，问卷中选取了“APEC 蓝”“我们体”“捂媚娘”等 2014～2015 年的 10 个词媒体进行调研，问卷调查的数据结果显示，被调查对象中对这些词媒体完全知道和知道一点的比例高达 87.22%。(见图 3-1)这说明词媒体的受众规模是相当庞大的，已经成为当下中国社会普及率相当高的新媒体形态。调查问卷的数据显示，被调查对象对词媒体的态度十分友好，其中非常喜欢词媒体的比例为47.15%，完全接受词媒体的比例为 23.47%，接受并喜欢词媒体的比例高达70.62%。(见图 3-2)这充分说明词媒体已经成为当下中国社会大部分草根民众喜闻乐见的一种新媒体形态。

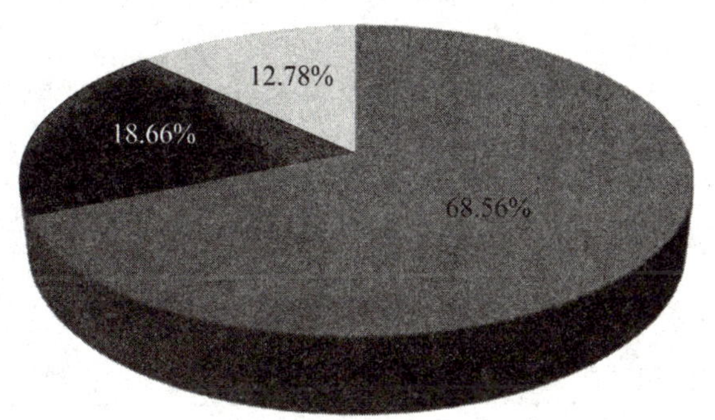

图 3-1　受众对词媒体的了解示意图

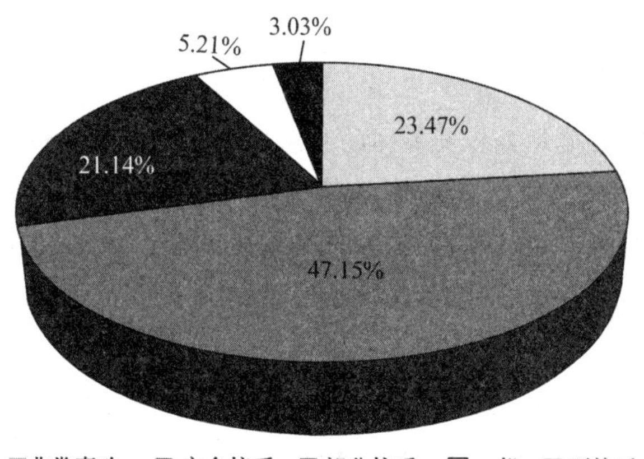

图 3-2 受众对词媒体的态度示意图

第二，从问卷调查结果看，词媒体的受众在年龄结构和学历结构方面的差异并不大，不同年龄层次和学历层次的人平均了解词媒体的数量都在 9 个左右，对词媒体所传递的人物、事件、地点等详细信息了解的人数所占比例为 80％～95％。(见图 3-3、图 3-4)这说明不同年龄、学历的人都能成为词媒体的受众。通过对受众进行访谈发现，普通大众了解词媒体的渠道不仅只有网络，他们还会从电视、报纸了解和接受词媒体，同时周围人群对词媒体的使用也会影响到他们对词媒体的了解和接受。年龄和学历并没有成为影响了解和接受词媒体的重要因素，词媒体的传播渠道是多种多样的，并不单一。

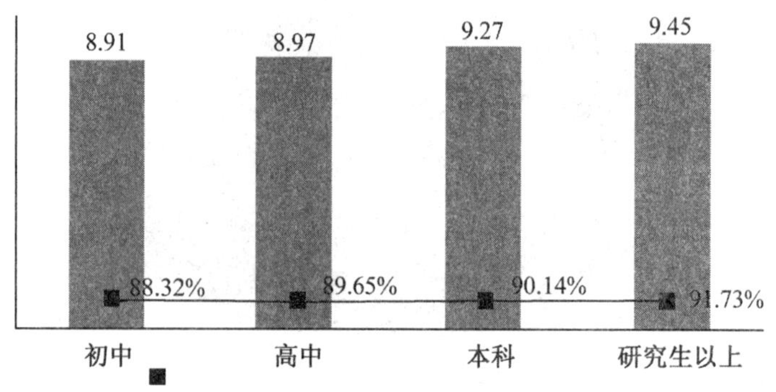

图 3-3 词媒体受众年龄分布图

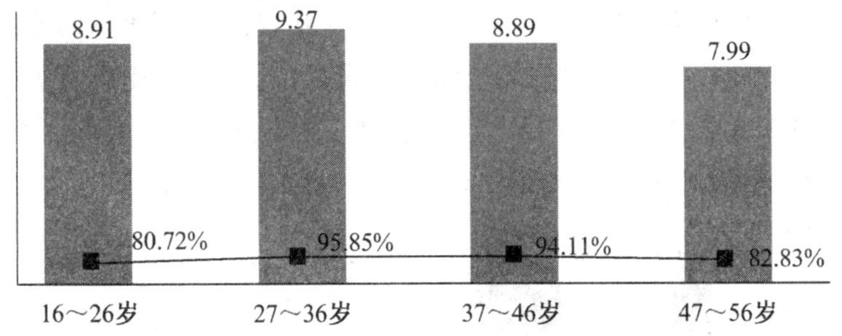

图 3-4　词媒体受众受教育程度分布图

第三，针对接受并喜欢词媒体的受众进一步调查发现，词媒体作为一种新媒体形态得到广泛认可和接受的原因，与它自身的形式特点密切相关。调查问卷的数据显示，31.22％的受众是因词媒体的语言简洁明了而接受它，26.64％的受众是因词媒体的诙谐幽默风格而喜欢它，21.57％的受众是因词媒体好记好用而传播它。语言简洁明了，风格诙谐幽默，便于使用传播——这三大原因占了接受词媒体受众的79.43％。由于词媒体信息量大而接受词媒体的受众比例只有16.83％，说明当下普通民众更乐于接受碎片化、娱乐化的信息而无暇顾及信息的完整和深刻。(见图 3-5)

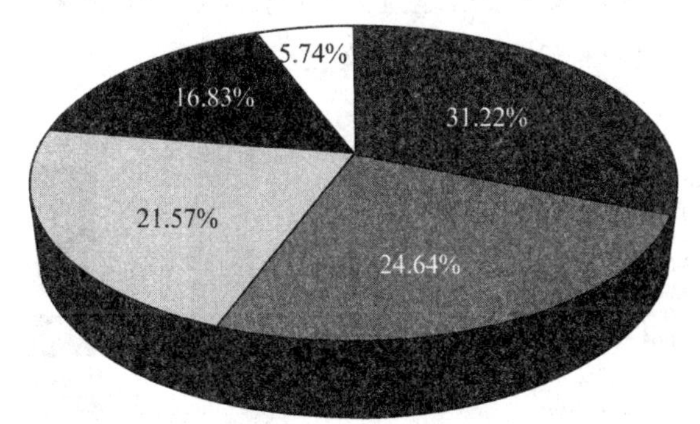

图 3-5　受众接受词媒体的原因示意图

第四，由于词媒体具有便于记忆和传播的特点，因此在问卷调查中针对受众使用词媒体的情况也进行了进一步的调研。调查结果显示，在喜欢和接受词媒体的受众中，主动使用的比例高达85.62％，主动传播的比例达70.82％，这不仅说明词媒体确实具有便于记忆和传播的特点，也说明词媒体的传播渠道非常多样化。有趣的是，在不接受词媒体的受众中，66.52%的受众会使用这些词媒体进行诋毁式传播。（见图 3-6）事实上，即使是批判和否定的负传播，客观上也发挥了促进词媒体传播的作用。

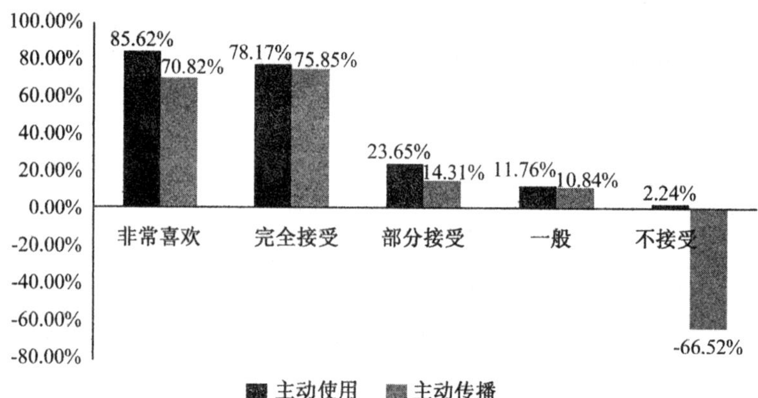

图 3-6　受众使用和传播词媒体的情况调查

第五，针对词媒体未来发展趋势的调查结果显示，由于接受并喜欢词媒体的普通大众在规模和数量上占有优势，词媒体的未来被很多受众看好，接近半数的受众认为词媒体未来将发展成为一种区别于传统媒体的新媒体，超过半数的受众认为词媒体将越来越紧密地与当下中国的社会现状和文化发展结合在一起，成为一种由民众自己书写的媒介文化。

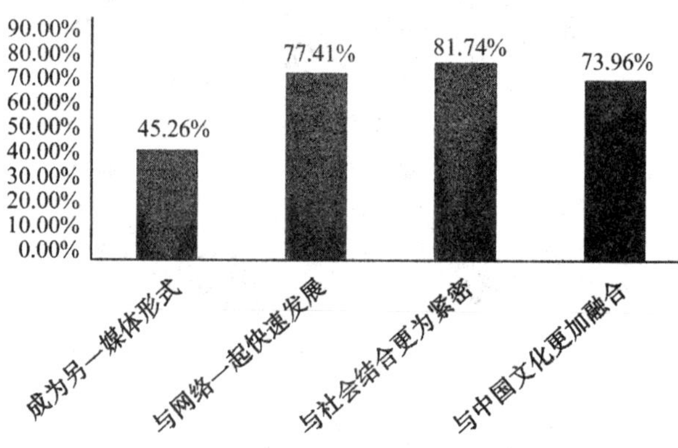

图 3-7　受众对词媒体未来发展的态度调查示意图

这次调研的结果显示，词媒体的受众广泛分布在当下中国社会的各个阶层，他们不仅自己接受和使用词媒体，而且主动通过门户网站、手机移动端和人际传播将词媒体传递给其他人。结合上文对词媒体生产者的分析可以看出，正是由于互联网充分调动了普通民众的能动性和创造力，这些规模庞大、分布广泛的网络受众才成为词媒体的生产者，与无法考证谁是某个词媒体的“发明者”一样，词媒体的生产者、传播者和接受者之间的界限也是模糊不清，甚至三类主体已成为一个高度融合的群体。这个群体就是网络受众。

三、词媒体传受合一背后的“模因论”

在词媒体的生产和传播过程中，如果仅有部分网民的创造和个别网站的推广，并不能使词媒体达到当前这种炙手可热的程度。正是因为规模庞大的网民群体会随时转化为词媒体的生产者和传播者，所以才形成了词媒体加速度传播的客观效果。网民为什么乐于接受并传播词媒体？除了上文对网络受众趋同性的分析，还可以利用生物学概念“模因”来解析受众对词媒体的接受和传播过程。

“模因”是一个生物学概念，最早由英国动物学家理查德·道金斯(Richard Dawkins)在 1976 年出版的《自私的基因》一书提出。他认为，除了生命领域的 DNA，文化领域中也存在一种类似 DNA 的复制因子用以传递文化，他将这种文化复制因子命名为“模因”(meme)，其核心就是模仿。任何科学理论、宗教信仰、决策程序和文化形式都可以通过将其复杂的概念和内容组装在一起并加以浓缩和简化，使之变得简单和易于交流，便可以成为模因。一旦成为模因，这种文化的传播力要比生物学中的基因更加快速和便捷。“正如同在基因库中繁衍的基因，借助精子或卵子，由一个身体跳到另一个身体以进行传播；拟子库中的拟子，其繁衍的方式是经由所谓模仿的过程而发生的，它将自己从一个头脑传到另一头脑。”[①]从上文问卷调查的数据分析可以看到，词媒体正是因为具备简单明了、诙谐幽默和易于记忆三大特点，才赢得受众的普遍接受。这三大特点恰恰符合成为一种文化模因的基本要求。按照模因复制的规律，作为一种文化模因的词媒体，其被受众接受和传播的过程可分为以下三个阶段：

第一个阶段：同化(assimilation)阶段。这是指模因被主体注意、理解和接

① [英]理查德·道金斯：《自私的基因》，卢允中等译，中信出版社 1998 年版，第 243 页。

受的阶段，如果新模因与主体已经存在的认知体系相适应，就能更容易被接受。互联网中一个新词被创造出来后，如果其形式和内涵可以很容易地与网络受众的认知体系相适应，那么就会得到尽可能多的网络受众认可，并转化为他们自己的知识或语言，从而迅速完成同化阶段。从词媒体的生成来源可以看出，词媒体通常来源于当下社会、政治和娱乐的热点事件或者与草根大众自身息息相关的重大事件，很容易引起众多网络受众的关注，这就具备了成为强势模因的条件，加之词媒体是由网络受众自己生产出来的，具有较高的真实性，更加容易引起网络受众的情感认同并进入他们的认知体系，所以新的词媒体一旦产生，通常很快就能完成同化这一心理阶段，甚至很多网络受众还没来得及弄清楚某个词媒体的真实内涵就会拿来使用。从 2014 年 1 月的词媒体"主席套餐"，可以清晰地看到词媒体完成网络受众心理认同阶段的过程。2013 年 12 月 28 日，国家主席习近平在北京庆丰包子铺月坛店购买了一份午餐，包括二两猪肉大葱包子、一碗炒肝和一盘芥菜。习近平主席的用餐行为和用餐过程经权威媒体报道，在全国范围引起热议，"主席套餐"很快成为当时最热的词媒体。而这个词媒体的真正内涵并不限于习近平主席到庆丰包子铺吃了顿午餐这一新闻事件，网民对这个词媒体的内涵进行了更深入的解读：主席选择庆丰包子铺，是告诫广大党员干部要两袖清风、清正廉洁；坚持自己排队购买，是践行制度面前人人平等、无一例外的理念；选择猪肉大葱馅的包子寓意从政要做到一清二白；一碗炒肝，是表达要将"四风"干部全部炒下台；一份芥菜是警示干部为官要戒除当官发财之心，甚至连午餐总额 21 元，都蕴含着主席要不管三七二十一惩治所有贪官污吏的决心。[①] 这些解读并不是一个人创造而是草根网民集体创造的产物。仅互动百科网站一家，就有 12 位"智愿者"参与了"主席套餐"这一词媒体编辑和修改，一共形成了 26 个版本。"主席套餐"一词的认知过程迎合了当前中国草根大众对贪污腐败之风的深切痛恨和对反腐行动的充分肯定，因此很多网友主动参与到对"主席套餐"一词的认知和解读过程中，更多的普通大众则用自己实际言行参与到对"主席套餐"的认同中来，庆丰包子铺因此名声大噪，每

① 参见互动百科，http://www.baike.com/wiki/%E6%99%BA%E6%84%BF%E8%80%85&prd=so_1_doc，2018 年 6 月 15 日。

天顾客盈门，收到的加盟申请也比以前增加了三四倍。[①]

第二个阶段：记忆（retention）阶段。这是指模因必须在主体记忆中停留，停留的时间越长其影响力就会越大。只有那些具有真实性又便于记忆的模因才是真正有效的模因。真实度可以保证该模因能得到更多人的认可和接受，形式上便于记忆能促使该模因被迅速复制和传播。对词媒体的问卷调查分析发现，词媒体能得到70%以上被调查对象的认可，最大的三个原因是词媒体简洁明了、诙谐幽默和易于记忆，高度符合有效模因的构成要素，容易被认知主体理解和接受，从而进入该主体的知识体系，迅速完成同化阶段并长时间停留在主体的记忆结构之中。上海大学社会学教授顾骏曾说过："社会大背景发生的一些变化已经从现实社会、网络世界传递并反映到了公众的语言生活中。"[②]由此可见，主体一旦完成记忆阶段，作为一种模因的词媒体便转化为主体自己的语言，从而获得进行再次复制和传播的机会。从传播学角度看，这一过程实质上就是一个主体对词媒体进行编码和解码的过程。词媒体在当下中国社会生活中的意义，早已超出词语本身，逐渐成为记录和传播中国民众对时下热门社会现象、新闻事件态度和看法的新媒体形态。因此，互动百科、百度搜索、搜狗搜索等网站，每年岁末都会根据词语点击量和专家意见对本年度诞生的网络热词进行盘点，最终公布本年度最火爆的词媒体，这些词媒体实质上就是普通中国人对当年发生的社会现象和新闻事件的记录，这些词媒体因成为普通大众的集体记忆而获得长久的生命力。

第三个阶段：传播（communication）阶段。在模因理论中，传播其实包括表达（expression）和传输（transmission）两个阶段。鉴于传播就是"人与人的关系赖以成立和发展的机制——包括一切精神象征及其在空间中得到传递，在时间上得到保存的手段。它包括表情、态度和动作、声调、语言、文章、印刷品、铁路、电报、电话以及人类征服空间和时间的其他任何最新成果"[③]，因此笔者认为传播过程已经包含了表达和传输两个过程。在经过同化和记忆两个阶段之后，词

---

① 参见《"主席套餐"过后，庆丰包子铺加盟大爆破》，新华网，http://news.xinhuanet.com/fortune/2013-12/31/c_125941378.htm，2018年6月15日。

② 《网络有新"热词"另类的集体记忆》，《新华每日电讯》，http://wap.cnki.net/touch/web/Newspaper/Article/XHMR20081211003B.html，2018年6月20日。

③ Charles Horton Cooley, *Social Organization: A Study of the Large Mind*, Charles Scribner's Sons, New York, 1929:5.

媒体就成为草根民众表达自己态度和意见的最好载体。通过互联网这个活跃的互动平台，网络受众在使用词媒体表达见解的过程中同时完成了传播它们的过程。这一过程是一个多样化的过程：一方面，网络技术的发展加速了词媒体的传播，例如微博、微信的兴起和发展会进一步加速词媒体的产生和传播，智能手机和4G技术的开发和应用会扩大词媒体的普及速度和范围；另一方面，词媒体可以随时从一种网络语言演变为草根大众的口头语言，从而实现在现实空间的人际传播和群体传播，多样化的传播方式助力词媒体成为当下中国社会不容忽视的民间舆论。2010年10月19日，武汉市纪委书记车延高获得“鲁迅文学奖”，当晚11点16分，诗人、文艺评论家陈维建在新浪微博发表一条微博，文中使用“延高”的谐音，将车延高的诗命名为“羊羔体”，引发网友热议。随之“羊羔体”成为一个词媒体，用来指涉那些直白到只有分行叙述的“诗”，并且讽刺当前很多手握国家权力的人随意亵渎文学艺术的现象。

从对词媒体生产者和接受者的深入分析可以看出，新媒体时代信息生产者和接受者高度融合的现状，促进了信息内容更加丰富和全面、信息传播渠道更加丰富和多样，信息形式更加灵活和简洁，进而轻松克服了传统媒体时代一个看似不可破解的难题：受制于事件本身的复杂性和新闻媒体能力的有限性，追求新闻真实的理想总是难以达成。以词媒体为代表的新媒体克服了这一难题，代表了当代新闻信息传播的一个新趋势。这种新趋势表现为三个方面：一是信息价值由公众判断和确认，互联网上信息的焦点和热点会随时形成并即时变动，很多信息的价值是由普通网民的鼠标和键盘决定的；二是信息内容由公众提供，新媒体技术的普及和应用大大提升了普通网民的信息权利意识，很多人会以目击者和亲历者的身份参与到信息的提供和传播中来，这就在更大程度上实现了新闻的真实性、客观性、公正性、丰富性和深刻性；三是信息评论多元化，社会草根大众越来越多地参与到新闻事件的评价中来，他们多元化的观点和态度将在互联网中汇聚并展示，信息传播模式的平衡和公正将得到更大程度的维护。因此，可以乐观地预期，在词媒体的助力下，传统媒体对信息的垄断将会被进一步打破，普通大众将更多地参与到信息的生产和传播过程之中，推动建立一个更加平等、开放、共享的信息传播新时代。

第四章　词媒体的文化价值

从互联网技术应用方面来看，具备互动性、开放性、共享性和平等性等特征的词媒体已经成为当前门槛最低、包容性最大的新媒体形态。“新媒体令人激动的原因在于它的参与性。”[①]从传受双方关系看，词媒体对个体参与有极大的包容性，赋予网民参与信息创造和传播的空前的权利和机会。本章将在前文的基础上，研究词媒体的社会文化意义和价值。

当代媒介文化已突破传统文化的诸多界限，文化生产主体实现了从精英阶层向普通大众的转换，传播路径实现了从网络空间向权威媒体的渗透，价值与意义实现了从伦理道德和意识形态教化向追求感官娱乐和快感体验的转向。这些方面的变化表明，网络环境下的媒介文化已经成为能鲜活体现当代中国普通民众生活境遇的一种文化形态。剖析词媒体的生成与传播机理，成为揭示当代媒介文化发展情况的绝佳路径。

第一节　词媒体：当代重要的媒介文化

语言是社会的基础，也是文化的载体。在语言的构成要素中，词汇不仅“反映着社会发展和语言发展的状况，也标志着人们对客观世界认识的广度和深度”[②]。词汇的生命力与文化的生命力有着非常密切的关系。在社交媒体时代，web2.0 技术的应用为汉语词汇注入了新的生命力：词汇创造的主体被最大限

---

① [英]戴维·冈特利特主编：《网络研究：数字时代媒介研究的重新定向》，彭兰等译，新华出版社 2004 年版，第 352 页。

② 黄伯荣、廖序东主编：《现代汉语》(上)，高等教育出版社 2002 年版，第 250 页。

度地去中心化。不仅全民参与造词,词汇的创造形式也被最大限度地多样化,语素自由组合、词汇传播的方式也实现了由民间舆论场向官方舆论场传播的根本革新,以词媒体为代表的社会流行语已成为当代中国媒介文化最活跃的表征方式,从文化层面和社会层面上探讨词媒体的价值就显得尤为重要。

一、词媒体:当代媒介文化的生产方式

瑞士语言学家费尔迪南·德·索绪尔开创的现代语言学将语言学界定为研究符号及意义的一门科学,语言的符号化使整个社会的知识结构发生了根本性改变,语言突破了只是用来表达和建构知识和真理的功能范畴,而成为整个社会的政治、经济、制度和文化建构的一种重要组成因素。现代语言学的建立适应了现代信息技术的发展,索绪尔开创的语言能指与所指结构完美地诠释了现代传播学中信息的编码和解码过程。语言的符号化转向实际上也是语言的信息化转向,信息的运行过程就是处理符号、密码和包括语言在内的各种人工符号的技术程序,web2.0 技术的应用打破了信息单向传递的传播模式,实现了互联网中任何一个用户都能随心所欲并且几乎零成本地参与信息编写和传播。可传递、可储存、可占有、可给予和可消费的现代信息科技,促使当代社会经历着社会信息化和信息社会化的双重进程,这场信息领域的技术革新运动从根本上改变了当代文化的构成方式。

语言符号化使原来垄断在社会精英阶层和权力阶层手中的文化生产权力被打破,越来越多的普通民众参与到媒介文化的生产和传播中来,导致整个社会的文化生产比以往任何时代都更具有任意性、多样性和不确定性。当代中国媒介文化的生产,不再依靠传统社会中少数精英知识分子的创造和官方媒体的传播,而是越来越多地依赖现代传播技术进行海量生产和免费传播。这个转变的实质是文化生产权力的转移,任何个人、媒体和机构都可以通过互联网进行文化的生成和传播,并从中获取回报和收益,在生产媒介文化的同时实现经济利益。当代媒介文化生成方式的转变,造成文化信息可以随时根据现实需要和利益变化趋势生产和传播。只有这样生成的文化,才能获得并巩固媒介话语权,只有牢牢掌控文化建构的话语权才能实现经济利益。争夺话语权和获得经济利益成为当代媒介文化生产的两大核心目标。双目标的媒介文化生产方式在词媒体的生成和传播过程中得到了充分体现。

在网络环境下，信息以计算机可以识别的方式(0 或 1)存储于网络的某一个节点上，并且可通过全球互联网络传输给任何一个合法的网络终端用户，web2.0 技术的普及使用户可以便捷地通过 web 界面上的编辑工具对信息进行创建、修改和删除，免费下载和分享网络中的信息，不需要会写复杂的代码，不需要懂得专业的编辑技术，信息生产和传播的简单快捷正是词媒体产生的基础。大量的普通网络用户参与到词媒体的生产过程中，在他们发表的意见和评论中一些新词不断产生。互动百科等专业网站致力于汇聚、整理和编辑这些网络新词，将那些形象生动、简洁精练的网络词语，通过网站的不同栏目向更多受众和媒体进行推广和传播，在创造和传播词媒体的同时获得商业利益。词媒体文化的产生正是得益于当代媒介文化创造模式信息化和商业化的特点。与此相关的更多论述可参阅本书第二章，在此不再展开详细的论述。

二、词媒体：媒介文化的创新动力来源

康德在《判断力批判》中提出："只有在追求美的艺术创造和鉴赏活动中，也就是在实现一种与利益无关的'无目的的合目的性'的时候，人才能实现其作为目的的自身的崇高地位。"[①]换句话说，人只有在进行艺术创造和鉴赏活动的时候，才能超越各种利益和目的，从而实现自身的真正自由。康德的这一论断被后来很多思想家们肯定并继承下来，并进一步提出"无目的的合目的性"只有在进行自由创造的游戏活动中才能实现。传统社会中那些奉行目的至上主义的文化形态，其创造的最大目的是将理想化和合理化的结果加以固定和推广，并且试图将其作为未来具有崇高价值的实践标准，在这个过程中实现并维护传统文化本身的正当性和永恒性，最终达到巩固现有统治秩序的目的。但是传统文化的这套长期行之有效的价值体系被不断更新的互联网技术打破，当代媒介文化的生产者们在不断推陈出新的过程中有意无意地逾越和突破了几乎所有试图固定下来并推广开来的传统形式和意义。在这个过程中，很多媒介文化生产者都没有组织身份限制和官方意识形态约束，他们创新和突破的源动力正是游戏带来的无穷快感。这种去中心化、非主体化、无目的的文化生产和传播模式激发了各种隐藏和潜在的可能性，大量普通民众被这种自由游戏带来的快感所

---

① ［德］康德：《判断力批判》(注释本)，李秋零译注，中国人民大学出版社 2011 年版，第 215 页。

吸引，主动卷入到媒介文化生产和传播中来，为媒介文化注入永不枯竭的创新动力。

词媒体的创造动力正是源于这种游戏的快感，从词媒体等网络词语出现以来，现代汉语新词出现的数量和频率达到前所未有的程度：汉语、英语等语言中已存在的要素，甚至未曾出现过的要素，都可以被网民拿来创造新词，创造出的新词常常打破原有的语法标准和规则，普通网民突破语言和社会的各种框限，在新词创造中释放着无穷的创造力。一方面，网民突破原有的语法范畴，使用具有提示性的词素创造新词。例如“肉食动物”中的语素“肉食”，原本是用来表示肉食动物主动捕捉猎物的习性，而在词媒体“肉食女”中，该语素则被用来隐喻那些不被传统观念束缚、敢于主动追求男性的女性。另一方面，词媒体还大量使用语音材料来创造新词，这些语音材料可以是汉语的语音材料。例如“咚”原来只是一个拟声词，用来表示人们敲鼓或撞到墙壁时发出的声音。而在网络流行的“壁咚”一词中，却被借来表示创造一种无处可躲的告白或亲吻机会。还有词媒体“Duang”，出自 2015 年 2 月网民对成龙多年前代言的洗发液广告的恶搞。网民将成龙和庞麦郎的《我的滑板鞋》进行了神一般的同步，发布了鬼畜视频“【成龙】我的洗发液”。随后 bilibili(B 站)用户在微博分享视频，并被疯狂转发，使该视频获得上百万的点击。此后各微博大 V 纷纷转发该视频，于是“Duang”字便被发明了。一句“Duang”成了网络上最新的热门词汇。截至 2015 年 9 月 29 日，该视频获得 585.7 万的点击量，弹幕留言 196538 条，B 站成为该流行词的输出地。还有网民创造了一个汉字，上面是“成”，下面是“龙”，合起来读成“Duang”字。[①] 网民在词媒体“Duang”生成和传播中，表达情绪，集体狂欢，在看似无意义的恶搞中创造意义。用来创造词媒体的也可以是其他语言的语音材料，例如“航母 style”等词媒体，就是将汉语的某个名词和英语的“style”相组合，来表示某种流行时尚或流行态势等。除了语素丰富之外，网民组合这些语素的方式也多种多样，概括、浓缩、模仿、谐音、比喻、借代和混搭等方式都被用来创造词媒体，造词材料的多种多样与造词方式的灵活多变相结合，空前提高了汉语造词的潜力，使现代汉语焕发出勃勃生机和无穷无尽的生命力。

① 参见 https://baike.baidu.com/item/duang/16824760? fr=aladdin，2018 年 6 月 25 日。

三、词媒体:媒介文化的审美狂欢化

现代社会在生活方式、经济模式、科学技术和阶层结构等方面都和传统社会显著不同。这些差异构成媒介文化产生和发展的现实基础,同时促使媒介文化美学范式发生重大变化。现代媒介文化是一种典型的狂欢化审美范式,其中所有的生产者、传播者和接受者都会以参与狂欢的形式完成文化消费过程。原籍俄国的文学评论家和文化研究专家米哈伊尔·莫哈伊洛维奇·巴赫金认为:“狂欢节是自中世纪以来流传于欧洲各种大众文化中的一个传统,狂欢节的一个最重要的特点就是不把表演者和观众区分开来,严格地说,狂欢节既不是被注视或被观看的,也不是被演出或被表演的,因为它的参与者是活生生地活动于其中,所以狂欢节的参与者是在狂欢节中过着他们的狂欢生活的。”[①]狂欢节最大的特点就是所有参与其中的人高度自由并且亲密无间,所有现实社会中的等级制度和道德规范都被彻底抛弃,人性中潜在的非理性因素统统被调动起来,释放压抑、获得快感是狂欢的唯一目的。

媒介文化审美狂欢化的趋势在词媒体产生、传播和消费的过程中表现尤其明显,任何一个影响巨大且生命力长久的词媒体背后都有一场社会大众共同参与的网络狂欢。“欺实马”这个诞生于2009年的词媒体,至今还被用来隐喻那些社会职能部门明显徇私舞弊和故意欺瞒真相的行为。该词之所以具有如此深远的影响力与当年那场围绕“欺实马”而发生的全民网络狂欢有着重要关系。这场狂欢开始于2009年5月7日杭州发生的一起车祸:当晚8点左右,杭州某小区附近一辆呼啸而过的三菱跑车将一位行人撞出5米高、20米远,受害者因伤势严重抢救无效死亡。车祸发生后1个小时,一位名为“拉风大本营”的网友在杭州当地一个很有知名度的19楼网络论坛,发表了一篇《富家子弟把马路当F1赛道,无辜路人被撞起5米高》的帖子,将这场车祸的情况公之于众。此帖一出,立刻引起众网友注意,帖子的点击阅读量和留言数一路走高。很快又有网友发帖子补充车祸现场的情况,将当时惨不忍睹的现场及肇事者、受害者情况进行了详细描写,还附了一张有肇事者和肇事车辆车牌号的现场照片。这两

---

① M. N. Bakhtin, *Problems of Dostoevsky's Poetics*, Manchester: Manchester University Press, 1984, p. 122.

个帖子的点击量和回帖量在很短的时间内就超过 60 万，网民除了不断贡献点击量和回帖量之外，杭州史上最大规模的“人肉搜索”行动也随之启动。网友共同协作，不仅很快搞清了肇事者的身份，就连他的 QQ 密码都被攻破，肇事者的所有个人信息被公之于众：肇事者是杭州师范大学体育系大二的学生胡某，是一名狂热的飙车爱好者，曾经在限速 120 码的高速公路上，以 210 码的速度狂飙并被警察拦下，还有经常在马路上飙车的习惯。更引爆网络的是胡某肇事后居然还在 5 月 8 日凌晨 2 点 49 分发了 QQ 空间：“一片空白，闯大祸了！”一石激起千层浪，这些信息被公开后，全国各地网友纷纷从道德、法律、交规等各个方面对肇事者进行了无情的鞭挞，并因此严重质疑交警部门的执法不严和徇私舞弊。

就在网友们在网络上阅读相关信息、进行人肉搜索和发表愤怒情绪的同时，浙江卫视在 5 月 7 日的夜间新闻报道了此次交通事故，记者先后采访了案发现场附近的小区保安、目击车祸过程的路人、对死者进行救治的医院以及死者的朋友等，同时报道了死者是浙江大学优秀毕业生，原籍湖南，现在杭州一家电子通信工程公司供职，5 月 7 日晚看完电影回家路上遭遇车祸后不治身亡。5 月 8 日上午，《都市快报》以两个整版的篇幅再现了车祸的详细经过，还用半个版的面积刊登了已经在网上发布的车祸现场照片。杭州当地一位知名主持人“电波怒汉”在电视上用十分强硬坚决的态度怒斥肇事者。电视、报纸等传统媒体加入报道之后，关注此事的民众从网民迅速扩展到社会各个阶层，大家以质疑和审视的态度密切关注此事的发展动态，防止肇事司机再次逍遥法外。

5 月 8 日下午，杭州交警部门举行事故通报会，西湖区交警大队副队长王建国公布了杭州交警经过初步调查后认定的结果：案发时，肇事车辆速度为 70 码。这个结论令所有到场记者、死者家属和关注此事的民众哗然，大家立刻结成了愤怒的阵营，对交警部门给出的调查结果进行各种严肃的拷问。现场记者和死者家属就车祸现场的各种细节质疑西湖区交警大队，而交警大队面对这些质疑却显得支支吾吾，不置可否。通报会后，浙江卫视公布了案发当天现场附近小区摄像头拍下的有关车祸的录像，多名杭州市民打进市长热线表达愤怒，其中还有一位最高人民检察院的检察官愤怒表示：“希望给交警部门打个招呼，让他们别胡说八道，70 码的速度把人撞飞 5 米高？骗人也要智商高点，总之，望你方好自为之！”死者母校浙江大学内部校园论坛也通过给市长写公开信、呼吁集会悼念等方式质疑交警部门的调查结果，表达被愚弄的愤怒之情。

与此同时，网民开始对该事件进行更有实验精神和娱乐精神的表达。一个叫“铁面包工头”的网友在19楼论坛上号召网友自己动手寻找事实真相。这一呼吁应者云集，有人甚至用汽车做碰撞试验，得出车速达到80码时还很难撞飞一个行走的路人，何况70码！一时间质疑声、责难声在网上网下汇集，所有矛盾的焦点都指向了西湖区交警大队公布的70码车速，几乎所有的参与者都认定官方公布的70码车速背后是权钱交易和恃强凌弱。5月10日12点06分，互动百科网站上一名网友模仿网络词语“草泥马”，创造出一个新词“欺实马”，谐音“70码”能让人一听就知道所指何事，“欺”与“实”的组合还隐喻了职能部门欺骗、欺压普通老实的民众，很快这个新词就得到大量网友认可并迅速传播开来。“欺实马”不仅在网络上频频被使用，在中央电视台到地方电视台的新闻画面中、在街头巷尾的报亭里甚至老百姓的谈话中，“欺实马”也不绝于耳。一个影响巨大、生命力顽强的词媒体就此诞生，不仅表征了这场由车祸引发的全民狂欢，还隐喻了当下社会中层出不穷的权力寻租和欺骗公众的现象。即使杭州警方就早前的70码说法向公众道歉，并以交通肇事罪追究了肇事者胡某的刑事责任，也难以消除词媒体“欺实马”对公权力的质疑。

从词媒体“欺实马”的诞生过程可以清晰地看到，伴随词媒体生产过程的是一场全民大狂欢：当事人无论是肇事者还是受害者的家人，谁都没有能力左右这场狂欢的走向和结局。全国各地的民众和各路媒体原本是该事件的旁观者，但随着事件发展，都纷纷亲自参与进来，在毫无个人私利诉求的情况下贡献着自己的时间、情绪和才智，这种忘情的参与也使他们逐渐成为狂欢的重要组成部分。在“欺实马”引发的这场民众大狂欢中，事件的亲历者和旁观者兴致勃勃地参与其中，非常自然地相互渗透并且逐渐融为一体，现实社会中一切阶层、规则和身份都被遗忘，所有人都在这场狂欢中自由地宣泄着自己的情绪，在揭穿社会职能部门的谎言中获得了游戏的快感，这正是词媒体所代表的当代媒介文化的魅力所在。

四、词媒体：媒介文化背后的微观权力运作

伴随着工业化、城市化和现代化进程的加速，人们的社会关系、价值观念、思维方式和社会规范发生了根本性变化，导致传统的社会控制手段逐渐失效。

网络新媒体的兴起，推动人类进入信息化社会，网络深入到现代社会生活的公共领域和私人领域，公民逐渐拥有掌握和交换信息的权力，助推民主社会的健全与网络化运行。在移动互联网、人工智能时代，社会中所有行动者的信息都会被大数据掌握，公权力的决策和执行也日趋透明化，文化建构过程中权力的运作方式必然会随之变化。在传统社会，权力总是带给人们“暴力”“强制”和“压制”的印象，但是在新媒体时代，权力的旧形象逐渐被去中心的、带有浓厚文化性质的新面孔所取代，呈现出社会性、文化性、普及性、语言性和内在性的特点。这个新面孔背后是一张权力与文化交织的密不透风的网络，网络中每一个体的全部生命活动都被包裹其中。

在权力与文化结合织成的网络之中，没有明显的统治者和权力中心，也没有清晰的从上至下的权力链条，而是通过不断地生产符合权力需要的文化产品来塑造网络中独立个体的思维模式和行为模式，然后由他们自觉主动地行使和发挥权力系统的区分、统治和宰制功能，裹挟在其中的每一个体都是权力的代言人，既是权力的执行者也是权力的受者。法国哲学家米歇尔·福柯曾说：“我们生活在一个完全为话语所标记和交织的世界中，这种话语就是谈论被说出的物，谈论断言与命令，以及谈论已出现的话语的言说。”①在这个没有中心的权力网络中，权力不再需要通过宏观体系来发挥功能，它的所有功能和效力都是通过作用于微观才体现出来的，这也是当代学者越来越重视对社会微观权力运行模式进行深入研究的重要原因。通过研究词媒体这种最微观的媒介文化形式，探讨权力系统的运作就显得十分重要。

词媒体“网怒症”的产生过程非常有代表性地展现了现代社会微观权力的运作过程。2015 年 5 月 3 日下午，成都市锦江区一个十字路口，男司机张某将一辆红色大众轿车逼停，把该车女司机卢某从驾驶室内暴力拉出来并对其拳打脚踢，随后男司机被警察带走。很快就有人将该事件的相关视频上传至微博，点击量瞬间过万，《华西都市报》官方微博、新浪咨询台官方微博、头条新闻等媒体纷纷跟进报道，一时间舆论哗然。据调查，有近 94％的网友对打人的男司机进行强烈谴责，基本呈现出一边倒的舆论态势，所有关注此事的网民仿佛都成

---

① Foucault, *Death and the labyrinth: the World of Raymond Roussell*, London: the Athlone press, 1987, p. 177.

为道德和正义的化身，从文明、法治、素质等各个方面对施暴的男司机进行口诛笔伐。

5月4日，施暴男司机的行车记录仪拍下的视频被上传到网络，视频中清晰地记录了从两车相遇到男司机打人的全过程：被打的女司机卢某两次随意变道险些造成交通事故，行车过程中两车有相互喊话的举动，卢某有故意挑衅之嫌。这段视频的点击量在两个小时以内就飙升至数十万，原先一边倒的舆论瞬间发生了大反转，支持男司机打人的微博言论占到了76%，更有好事者开启了对卢某的“人肉搜索”。

网友们通力协作，很快就曝光了卢某的真实姓名和身份，揭示卢某当时驾驶的红色现代轿车已有过26次违章记录，还有小孩从车天窗中探头和随意向车外扔纸巾等不良驾驶习惯，而卢某名下另外一辆宝马汽车有20次违章记录尚未处理。网友们甚至还发现卢某曾经向前男友索要30万的分手费，并且从2013年至今宾馆开房次数达到了86次之多，等等。曝光的这些信息导致很多网友情绪愤怒，支持男司机打人的舆论很快上升到96%，同时诸如“打得好”“怎么没打死呢”“别车狂”“渣女”等辱骂中伤语言满天飞，“女司机”就等于“马路杀手”的言论也不绝于耳。随着事件的发酵，词媒体“网怒症”产生，用来表征该事件中对卢某进行辱骂攻击、用词粗暴，还用人肉搜索揭露卢某隐私的网民。“网怒症”的典型特征是站在道德制高点，在网络空间随意中伤他人、不负责任地宣泄情绪。

从“网怒症”的产生过程可以清晰地看到话语权这种微观权力的运作方式。网络空间的自由、开放和匿名属性为网民发表言论提供了便利条件，网民获得话语权的同时也容易滥用话语权，往往会出现集体无意识而沦为权力的拥趸。网民对女司机卢某的辱骂、攻击，致使这位本就受到身体伤害的卢某再次遭受精神上的创伤，网民的情绪化表达带有浓厚的民粹主义和男权主义倾向。

首先，网友们通过“人肉搜索”曝光了卢某的父亲是四川某县政法委的一个领导，在毫无证据的情况下就将卢某购买现代和宝马两辆汽车的钱款归结为卢父贪污受贿而来，并将她有多次违章记录归结为“官二代”的嚣张。微博网友“@Kasrsenclave”发表言论：“我觉得卢某没有错，错的是张某。卢某开的是现代，家里还有一辆宝马，可见应该是社会上层人物，身份比较高贵。张某开个破Polo，属于工薪阶层，这种身份也敢得罪高等人？至于差点被撞的那个骑电瓶

车的，一看就是个穷人，即使被卢某撞了也是活该。”这段充满讽刺意味的言语，赤裸裸地展现了网民仅仅依靠主观臆测就将矛盾上升到公权力持强凌弱层面上来，“仇富”“仇官”的民粹主义心态经由网络传播势必引起更多人的共鸣，很多网友提议举报卢父贪污受贿问题。这种建立在主观臆测基础上的讨伐，是对当事人随意施加“网络暴力”的行为。在这场针对卢某及其父亲的道德鞭笞中，网民们几乎都自觉沦为民粹主义的附庸，看似痛快地宣泄了自己对公权力的不满，其实参与其中的每一个人都接受了民粹主义的规训，会更加坚定地认为只要人多就是真理，从而进一步放弃独立思考和理性判断，这不仅会加剧社会阶层之间的隔阂和矛盾，还会阻碍现代民主法治社会的进程。

其次，事件当事人卢某是一位女性，网民借“人肉搜索”还曝光了她在两年间有 86 次宾馆开房的记录，这些信息瞬间点爆了广大网友潜意识里的男权主义思想。《警方为何不刑拘马路杀手“女司机”》《女司机＋自动挡＝马路杀手》《女路霸的道歉信如此阴险，是道歉还是继续“别车”》等文章充斥在各种社交网络之中，网友们一致认定女司机的驾驶技术一定很差，并且公然宣称“女司机”等于“马路杀手”，等等。这些言论其实根源于男性网民的潜意识，他们认定女性并没有资格进入传统社会中只有男性才能拥有的技能——开汽车，这个技能只有男人掌握得好，所以借卢某开车多次违章事件对女性进行无情的嘲弄和讽刺，迎合了很多人潜在的男权主义思想。此外，网友们针对卢某有多次开房记录，就臆测她开车强行变道是为了赶去开房，这种毫无理性的因果判断本来很容易被识破，但众多网友不问真假甚至乐于添加更多虚假情节再次传播，根本原因是网络空间符合理性和逻辑的声音往往不被众人注意，而那些充满煽动、暴力和色情的内容却因迎合了网民的生理欲望而大受欢迎。将多次开房和随意变道结为因果关系可以极大满足网民对女性情欲的窥视欲望，能够促使更多的人主动加入到对当事人进行男权主义的道德审判中来。

从生产模式、创新动力、审美范式和权力运作四个方面对词媒体进行理论分析可以看出，作为一种典型的媒介文化，它的生成与传播并不是一种偶然现象，词媒体作为一种新媒体形态和媒介文化被大众喜闻乐见，不但不会昙花一现，还会因其符合当代媒介文化的规律而长期存在，必将成为中国大众记录自己生活境遇的一种重要的集体记忆。本书选取一些具有重要文化意义的词媒体进行个案分析，尝试探讨其中的社会价值和文化意义。

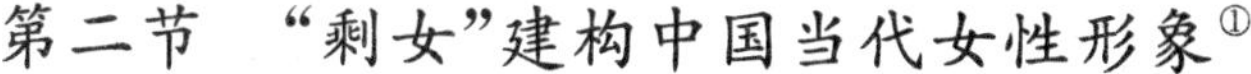

第二节　“剩女”建构中国当代女性形象[①]

2014年央视春晚舞台上，国际影星苏菲·玛索的亮相瞬间照亮中国观众的双眼，这位年近50岁的单身法国女性不仅依然美丽、纯真、优雅、俏皮，而且周身散发出由岁月沉淀而来的奇特魅力。时尚杂志《瑞丽》在对苏菲·玛索进行专访时不忘关注其单身身份：“在大城市中，一些很优秀的女性找不到合适的伴侣，您怎么看?”这个问题的设计凸显了近年来我国大众传媒对“剩女”话语的普遍偏爱。“我认为这是一个非常个人的事情，旁人不应该指手画脚。”[②]这位单身未婚妈妈的回答不仅颠覆了媒介塑造的“剩女”形象，也促使我们对媒介建构的“剩女”话语是否具有真实性和客观性作出反思。

一、媒介塑造中国“剩女”

20世纪法国哲学家米歇尔·福柯曾说过：“我们不可能在任意一个时代言及任意什么东西；说出新的东西是不容易的……对象存在于某个关系的复杂网络的积极条件中。”[③]“剩女”这一话语在我国当代大众文化中的迅速走红，与各类媒体的偏好和持续塑造有关。

尽管“剩女”一词在2007年8月就已得到官方承认，成为教育部当年公布的171个汉语新词之一，但时至今日，我国各类媒体对“剩女”的关注度仍只升不降。在百度搜索引擎中输入“剩女”，可以检索到6000余万个搜索结果[④]；各种有关“剩女”的报道频繁出现在我国各大报纸杂志上，就连《瑞丽》对苏菲·玛索的专访都不能免俗；以“剩女”为题材的影视剧也在屏幕上热播，《咱们结婚吧》中的杨桃，《大女当嫁》中的姜大雁，《李春天的春天》中的李春天等，她们基本上都是相貌不俗、能力不错、收入不低的都市“剩女”形象，她们成为“剩女”后

---

① 本节内容参见周妍、张文祥：《“剩女”话语与媒介文化》，《中州学刊》2014年第6期。

② 《不老神话苏菲·玛索》，《瑞丽伊人风尚》2014年第2期。

③ [法]米歇尔·福柯：《知识考古学》，谢强、马月译，三联书店1998年版，第56页。

④ 参见百度搜索，http://www.baidu.com/#wd=%E5%89%A9%E5%A5%B3&tn=baidu&ie=utf-8&f=8&rsv_bp=1&rsv_sug3=5&rsv_sug4=320&inputT=181836&rsv_sug1=2&rsp=2&bs=%E3%80%8A%E7%91%9E%E4%B8%BD%E4%BC%8A%E4%BA%BA%E9%A3%8E%E5%B0%9A%E3%80%8B2014%E5%B9%B42%E6%9C%88&rsv_spt=3，2014年4月8日。

的种种家庭、工作和社会问题让广大观众唏嘘不已。通过报刊、影视作品、网络等各种媒介广泛传播，受众形成有关"剩女"的"刻板印象"：她们是一群已超过社会公认的适婚年龄但仍保持单身的大龄女青年，她们很多拥有高学历、高收入和出众的长相，但因择偶条件较高，找不到理想的伴侣，变成了嫁不出去的"剩女"。由于媒体对"剩女"形象的戏谑、调侃和偏颇化呈现，甚至衍生出"灭绝师太""白骨精"等一系列"妖魔化"大龄单身女青年的语词。

事实上，据原国家人口和计划生育委员会统计，在"70后""80后""90后"非婚人口中，男性比女性多出2315万。[①] 2010年人口普查的数据显示，我国30～39岁非婚男性比同年龄段非婚女性多出613.9万人。与绝对剩余的男性相比，"剩女"只是集中在北京、上海、广州等一线城市的"一小撮人"，但各类媒体却热衷于报道传播"剩女"问题，借助媒体的放大效应把"剩女"打造成为大众文化中一个炙手可热的话语。媒介如此行为，是源于对"剩女"认知的误读，还是基于商业利益、迎合受众偏好的误导？本书对作为媒介话语的"剩女"作阐释学的分析，意在发现媒介行为背后的权力和文化逻辑。

二、男性话语权建构的"剩女"

在大众文化中，"话语"是一个被频繁使用的概念，明晰"话语"的含义是对媒介话语进行分析的前提。"我们生活在一个事物被说出的世界中。这些被说出的话实际上不是像人们所认为的那样，是不留痕迹的一阵风，实际上，不论它们的痕迹如何多样，都会保留下来。我们生活在一个完全为话语（discourse）所标记、所交织的世界中，这种话语就是谈论被说出的物、谈论断言与命令以及谈论已出现的话语的言说。"[②]从福柯的定义可看出，话语不是一个简单的名词，而是一种有着具体时空的行为。对话语的分析也不能仅仅关注话语本身的内涵，还需要关注话语得以形成背后的复杂关系网络中交织着的各种力量。也就是说，如果我们把话语比作一件衣服的话，那么不仅要关注衣服这件穿在身上的

---

① 参见百度文库：《2012～2013年中国男女婚恋观调研报告》，http://baike.baidu.com/link? url=q6SYLjRLr_gJozYKriTjNVwhzbL2UxtCYZXSOEwZfLRO3xXOcLf6IZBF_z5YbaQ5Ud MooDK8FPLkcSf2Y-Axt_，2014年4月8日。

② Foucault, *Death and the Labyrinth: the World of Raymond Roussel*, London: the Athlone press, 1987, p. 177.

现成物，还要关注拿起剪刀裁剪这件衣服的人是谁、这件衣服是如何被剪裁和缝制的，以及衣服与被剪裁掉的边角料之间的关系构成。具体到大众文化中，任何一个话语的诞生和传播，必然是社会、文化、媒介、受众等多方面力量博弈和妥协的结果。正是在这个意义上，美国著名语言学家罗宾·洛克夫认为："20世纪末的权力和地位之争是对话语权的争夺，话语控制权实际上是一切权力的核心基础。"[①]通过媒介传播，一个事物是什么，不再取决于其本质究竟是什么，很大程度上是由媒介如何表达和陈述该事物决定的。"剩女"这一话语也不例外，在我们生活的时代，之所以会有"剩女"这个话语，与其说是时代发展的产物，不如说是媒介传播的结果。

福柯认为，某种权力的建立、巩固和贯彻需通过此类话语的生产、积累和流通实现，因此，对话语理性分析的重点不在于谈论的这个对象究竟是什么，而在于分析究竟是谁在谈论和如何谈论该话语，因为谁掌握了建构话语的权力，谁就拥有了言说话语甚至建构真理的权力。"剩女"这个词从诞生之时就已经带有了浓厚的贬义色彩，可以看出这是男性视角下的产物。《辞海》对"剩"的解释为"多余、余留下来"[②]，"剩女"无疑就是指"多余、剩下的女子"。福柯认为，任何话语的形成都必须以语言为前提条件，没有语言的优先在场，任何话语都是不可能存在的，语言本身是一个差异区别系统，也就是说任何一个词语的出现及其含义的确定，都必须在差异区别系统中获得，差异区别系统包括相邻、相似、对立等一系列配置规则。在语言的区别差异系统中，"剩女"这一话语主要是通过与适龄已婚女子和大龄未婚男子的比较确立其内涵的。从同一性别的角度看，媒介呈现出的"剩女"与普通女性相比，媒介刻意遮蔽她们与普通女性相同的温柔、贤惠、善良等女性特质，故意夸大她们过于自信、眼光挑剔、优秀骄傲却又恨嫁和在婚恋市场上不受欢迎的状况；从异性的角度上讲，"剩女"们虽然和优秀男性一样有着高能力、高素质和对社会所做出的突出贡献等特征，媒介却故意夸大她们在选择爱情婚姻过程中遇到的困难和看似弱势的地位，暗示受众作为女人，哪怕你比男人还优秀，只要没有爱情和男人的接纳，依然还是属于值得同情的弱势群体。为了实现这个目的，媒介不惜舍弃自己的客观中立定位，

---

① [美]罗宾·洛克夫：《语言的战争》封二，刘丰海等译，新华出版社2001年版。

② 魏建功主编：《新华字典》，商务印书馆2011年版，第451页。

用一种“他者”的目光审视和解读大龄未婚女青年。

全球媒体监测机构(GMMP)1995年以来每隔5年在每年2月16日选取全球76家媒体(包括中国的8家报纸、9家电视广播台)进行有关新闻类报道中女性出现频率和担任角色的调查。调查显示:1995年、2000年、2005年、2010年2月16日全球电视、广播、日报新闻人物中,女性分别占17%、18%、21%和24%,虽然有逐步上升的趋势,但是最高值也不到新闻人物中的1/4,主流社会中的男性是绝对的新闻主角。由此可见,主流社会的男性一直都紧握着新闻的话语权。新闻这面反映现实社会的镜子照见的必然是掌握话语权的人希望看见的。2014年1月16日《信息时报》刊登了一篇题为《女博士增值还是贬值》的文章,文中广东省政协委员、华南农业大学教授罗必良声称:“女孩子是个产品,卖了二十几年还没有把自己卖出去……从恋爱角度讲,读博士不是增值的事,而是贬值的事。”①该文章虽未直言“剩女”,但将女博士称之为“卖不出的产品”无疑是一种比“剩女”更甚的蔑称。此类媒介话语的出现凸显了媒介话语中男性的主体地位,将女性等同于婚姻市场中等待男性挑选的商品,被男性挑中的女性是市场中的畅销货,不能被挑中的就是市场中有瑕疵和缺陷的残次品。在这个挑选与被挑选的婚姻市场中,男性无疑是享有充分主动权和自由选择权的主体,而女性则是被动的、被挑选的客体,其畅销和滞销完全是由男性主体决定的,“剩女”这一话语无疑是“男人制造标准,女人用这个标准要求自己”的男权主义的确认。

在我国各地市的生活类晚报中,有关“剩女”的报道频频出现。以2013年1月1日到2014年1月1日的《羊城晚报》中有关“剩女”的报道为例,标题中出现“剩女”字样的报道一共有51篇,诸如《“剩女”回家相亲　修补处女膜手术暴增三倍》《同学婚礼受刺激　“剩女”醉后豪买2000瓶喜酒》《7天火热网恋　白领“剩女”一步步陷入受骗泥潭》等,从标题就能看出贬义或者负面倾向的文章就有17篇之多,占总比例的33.3%,这些报道充满了男权主义对女性群体的歧视。媒体总是有意无意地传播这样一种观念,即女性即便十分优秀,只要没有男人愿意和她们结婚,都可以被贬为“剩女”,就是可悲的、可怜的和毫无价值的。可以说,“剩女”这一话语本身就是以男性的需求为标准而建构的,它粗暴

① 周公子:《女博士增值还是贬值》,2014年1月24日《信息时报》。

地将女性划分为“剩女”和已婚女两类，不允许女性在生活中有第三种选择，通过媒介传播将有能力积极主动选择自己生活方式的女性从各个方面进行贬低和丑化：她们的大龄意味着复杂的感情经历，在道德方面不够纯洁；她们对男性的高要求意味着物质崇拜，会不切实际地对男性提出过度的物质要求；她们的独立个性意味着女性温柔体贴特质的丧失，等等。当今社会文化的现状是大众文化成为社会的主导文化，“媒体文化有助于塑造有关世界和最为深刻的价值的流行观念：它对什么是好或不好、积极或消极、道德或邪恶等做出界定”①。分析“剩女”话语发现，我国媒体文化的话语权带有浓重的男性色彩，在“剩女”话语的建构和传播过程中施加着男性的权力，使该话语适合男性的需要，这就决定了“剩女”话语从诞生起就带有贬义色彩，通过媒介的渲染和传播逐渐成为一个人人避之唯恐不及的“怪物”。这种男性掌控新闻话语主体地位的现状并没有随着女性新闻从业者越来越多而有所改变。

三、中国传统文化建构“剩女”

苏菲·玛索的春晚亮相挑战了中国人眼中的“剩女”形象，大多数中国人无法接受一个年近五旬的未婚女人依然如此美丽生动，因为在中国人的思维模式中，“剩女”只有被男人“收编”才会有幸福美满的人生。中国影视剧中塑造的比较成功的“剩女”形象，如《咱们结婚吧》中的杨桃、《大女当嫁》中的姜大雁以及《李春天的春天》中的李春天，无论剧情中她们如何优秀、挑剔和抗拒婚姻，最终都会出现一个完全可以满足她们所有要求的男性“抱得美人归”，只有这样的结局才符合中国受众的要求，才会有高收视率。“剩女”话语不仅依靠媒介建构，还是中国大众主动选择的结果。因为任何话语的出现和传播，只能从文化内部生根发芽，这不是一个从上到下的单向过程，媒介的意义在于为“形形色色的‘大众的层理’制造出文本‘库存’或文化资源，以便大众在生产自身的大众文化的持续过程中，对之加以使用或拒绝”，而大众是一个“‘游牧式的主体性’，他们能够在这一社会机构的网络间穿梭往来，并根据当下的需要，重新调整自己的社会效忠从属关系，进入不同的大众层理”②。“剩女”话语在我国大众文化中的

---

① [美]道格拉斯·凯尔纳：《媒体文化：介于现代与后现代之间的文化研究、认同性与政治·导言》，丁宁译，商务印书馆2013年版，第9页。

② [美]约翰·费斯克：《理解大众文化》，王晓珏、宋伟杰译，中央编译出版社2001年，第29、29～30页。

炙手可热无疑是迎合了在受众中被广泛接受的中国男尊女卑传统观念以及传统的婚姻观。

中国哲学认为世界万物都是阴阳调和的结果。这种认识延伸到人事方面，就形成了《易经·系辞上传》的观点："天尊地卑，乾坤定矣。……乾道成男，坤道成女。"乾所代表的是阳，是天，是男性，是高贵的；坤所代表的是阴，是地，是女性，是卑下的。这种男尊女卑的地位是从人们出生之时就已确定了的。《诗经·小雅·斯干》中就很明确地说："乃生男子，载寝之床。载衣之裳，载弄之璋……乃生女子，载寝之地。载衣之裼，载弄之瓦。"生了男孩就把他放在床上，给他裁剪衣服，用圭璋给他当玩具，而生了女孩子就只是把她放在地上，用包袱裹着她就可以了，而她的玩具只能是瓦片之类的，男尊女卑的社会地位不言而喻。对女子来说，这种卑下的地位是要贯穿其一生的，《礼记》中就说："妇人，从人者也；幼从父兄，嫁从夫，夫死从子。"在中国传统文化中，女性的社会角色无非是"贤妻良母"和"相夫教子"，她们远离社会的公共领域，没有独立的经济能力和经济来源，是男人的附属品，以照顾丈夫和孩子为天职。但随着社会和经济的发展，女性的个人自我意识和自我价值观念不断觉醒，越来越多的职场女性有着良好的教育背景、较高的经济收入、较强的社会资本，她们对婚姻的需求不再单纯地为了经济和生育，更多的是出于情感慰藉和心灵沟通的需要。她们对爱情和婚姻的选择会更加慎重和成熟，但社会在传统文化的影响下并未给予她们足够的认同和接纳，仍然会以传统女性的社会角色定位为标准来要求和评价她们。"剩女"的出现突破了传统文化所赋予女性的社会角色，她们中的很多人凭借自身的实力拥有了可以与男性比肩的地位，直接挑战了男权中心主义的权威；女人对男人终其一生的依赖被打破，对幸福的要求也越来越高，这些带给男性前所未有的焦虑，将这些威胁自己利益的女性群体"妖魔化"不仅成为掌控媒介话语权的主流男性的选择，还是很多深陷大男子主义泥沼难以自拔的男性受众所热衷之事。男尊女卑的传统文化为"剩女"话语的建构和传播提供了受众基础。

在中国传统婚恋观念中，"甲男配乙女，乙男配丙女"的差序婚配结构被人们长期广泛认同。从女性角度上看，即使各方面素质都十分优秀的女性也不可能完全脱离环境和文化对自身的影响，仍然会或多或少地接受这种"男高女低"的择偶标准，再加上两性关系中女人天生弱势的地位，造成了越来越多的女性一方面谋求经济独立，渴望通过自己的知识、能力、工作和财富获得安全感，另一方面，她们也依然希望寻求到一个能带给自己安全感的男性作为婚姻伴侣，所谓的安全感包括良好的身体素质、不俗的经济实力和高度的责任心等，而那些在年龄、地位、实力等各方面都比自己“弱”的男人在这些女性看来都是没有安全感的表现，客观上造成一部分优秀女性越接近社会的金字塔尖其择偶范围就越狭窄，从而显得格外挑剔和难以满足，既想谋求和男人一样强大，又想得到男人的呵护和疼爱，这两种自相矛盾的力量交织，不仅最终导致部分优秀女性成为“剩女”，还会招来男人的怨言和非议。不甘沦为被挑选地位的男性受众对传媒丑化和歪曲未婚女青年的信息自然格外“喜闻乐见”。

在两性关系中，中国男性长期处于强势地位，奴隶社会中男性凭借体力优势保护并支配女性，在封建时代男人凭借地位优势享受甚至奴役女性，这种从古代一直延续至今的优越感让广大男性“恋恋不舍”。在这种社会观念和文化习俗的影响下，我国广大男性大多乐于享受俯视女性的“快感”。“甲男配乙女”的婚恋模式影响下，能力、实力和地位处于社会上层的优秀男性，更愿意寻找各方面比自己逊色一些的女性为侣，以凸显其优势地位，客观上造成受教育程度高、社会地位高的优秀女性容易出现结构性剩余，导致大龄未婚女性被媒体称为“剩女”，那些离异女性则被轻蔑地称为“二手货”等；但大龄未婚男性包括离异男性，只要自身条件优越就被媒体统称为“钻石王老五”，其魅力值并不因年龄和婚恋经历的复杂而降低甚至还会上升。

把挑战男权主义的单身女性称之为“剩女”，并竭力将其“妖魔化”还体现出男性对女性的规训。随着女权主义思想兴起，女人在选择配偶方面有了和男人同等的选择权，“三从四德”“嫁鸡随鸡，嫁狗随狗”的时代早已远去，男女的双向选择要比男性的单向选择更复杂，传统的男强女弱的婚恋模式受到很大冲击，当代男性需要付出更多的努力才能获得相对于女性的优势，这就导致多数不愿付出努力而又不愿放弃男权主义的男性希望用一些带有贬义色彩的言语，如“剩女”“女汉子”“白骨精”等来丑化女性，并希望通过传播和夸大这些话语的负面作用，来告诫广大女性要安于自己的弱势地位，维护男性中心主义的地位。因此，各种媒介对“剩女”话语的言说方式和广泛传播体现了我国传统文化的基因，也迎合了我国的受众的心理需求。在媒体的塑造下，“剩女”成了一群值得人同情的可怜虫，中国人自然难以想象还有苏菲・玛索这样“女神”般的未婚“剩女”。

四、民粹主义传媒文化建构“剩女”

如果说男性掌控媒介话语权是“剩女”话语得以形成的种子，中国男尊女卑、男高女低的传统文化是“剩女”话语得以形成的土壤，那么“剩女”话语的流行还需要适宜的气候，即民粹主义在我国传媒文化中的盛行。

文化是指“人特有的精神创造”[①]，但是这种精神创造却不是完全自由的，必然要与意识形态、社会建制、经济文化等权力纠结在一起，表现为不同历史时期文化创造的规律，在特定时代中只有那些按照规律形成的话语或者知识才可能被受众接受。当代中国文化创造规律的新特点是出现了一种强调平民价值、尊重百姓趣味的意识形态即民粹主义。“20 世纪 80 年代以来，文化民粹主义的主张并没有在知识分子的话语场域中得到太多的支持，却得到传媒业界的响应和认同。”[②]在媒介的推波助澜下，以民粹主义为核心的传媒文化成为当代中国的一种重要的文化形式。在这样的话语场中，是否能满足更多受众的感性需要成为决定某种“话语”能否生存发展的“铁律”。与传统文化相比，传媒文化最大的特点即这是一种由受众决定的文化形态，传媒只有最大限度地满足和迎合受众需要才能获得赖以生存和发展的商业利润，这就从根本上决定了传媒文化具有低俗化倾向。

当媒介无限扩大了人们的生活环境和社会空间的时候，必然会导致人们与其所认识的事物不可能做到真正的实际接触，而是依靠媒介所传递的信息来认识事物。媒介从人们的这种需求中获得利润，大众传媒也成为市场主体，成为消费时代的一个有机组成部分。媒介在经济利益的驱动下必然追求“眼球经济”，也就是媒介必须依靠吸引公众注意力来获取经济收益：网站需要点击率，电视需要收视率，报纸杂志需要发行量。社会学家研究发现，人最普遍的兴趣是基于人的本能的“原始兴趣”，也就是性爱、犯罪、冲突和猎奇等。按照马斯洛的需求层次理论，这些兴趣都属于人的低层次的生理需求。但这种层次低的需求恰恰是范围最广、人人都有的需求，媒介对受众低层次需求的满足正好可以实现媒介最大占有受众市场的目的。因此，为了追求高发行量、高收视率、高点

---

① 李思屈、李涛编著：《文化产业概论》，浙江大学出版社 2010 年版，第 4 页。

② 陈龙：《Web2.0 时代“草根传播”的民粹主义倾向》，《国际新闻界》2009 年第 8 期。

击率,满足受众最低层次的信息需求就成为各类媒介共同的选择。在低层次的信息需求中,通过窥视最容易获得猎奇的快感,窥视本身就是一个遮蔽和揭秘的对立过程,越是看到别人不想让看的东西,越是能获得好奇心的满足,而这个“看”本身也是一个偷偷摸摸的过程。在男权社会中,“看”和“猎奇”的主体一定是男性,而女性只能是“被看”和“被猎奇”的对象,媒介往往通过揭示女性生活甚至身体的隐私,来迎合更多受众猎奇的欲望。以民粹主义为核心的大众文化与传媒经济的结合,刺激了众多媒体以最大限度满足受众心理需求为自身最高追求,并在追逐受众“最大公约数”的过程中忽略了媒体本应该承担的社会责任,“剩女”话语的建构无疑是符合了当代中国“知识型”的规律从而成为媒介竞相报道传播的话语。

“剩女”作为都市优秀单身女性,她们本身各方面的优秀就已经比普通女性有更大的“可看性”,再加之她们的单身状态,就决定了更多的人愿意关注或者窥视她们的内心和诉求,具有可以引起更多受众好奇和关注的效应,更容易成为媒介关注的焦点。这就决定了媒介需要建构起“剩女”这样一种畸形的大龄未婚女性,并用一种窥视、嘲讽、猎奇的态度消费“剩女”,从而达到吸引“眼球”的目的,这样不仅可以满足受众维持和保护父权文化和男权主义的需要,而且媒介自身也可以从中获取更高的商业利益。全球媒体监测机构(GMMP)统计显示,在中国大陆媒体上,83%的女新闻人物都会提到其家庭角色,而97%的男性新闻人物不会提到家庭角色。这个统计数据说明当代中国媒体把女性置于“被看”的位置。上文提到的2013年《羊城晚报》51篇标题中有“剩女”字样的报道中,多对女性持嘲讽、否定态度。如:《自怨自艾没人爱 10大原因让你变“剩女”》一文粗暴武断地给“剩女”贴上了“多疑”“强势”“拜金”“公主病”等标签,让受众感觉只要是未婚大龄女青年就必定具有这些特征,过着不正常的生活;《“剩女”回家相亲 别只惦记着处女膜》一文题目本身就是一种赤裸裸的封建卫道士窥视视角,将“剩女”“相亲”“处女膜”放在一起暗示“剩女”的私生活很混乱,让受众自然联想到“剩女”本身行为不检点,塑造出一个既恨嫁又虚伪又风流的“剩女”形象。这些带着明显侮辱丑化大龄单身女青年色彩的文章满足了受众猎奇心理,为媒体赢得了眼球和利润。2014年1月,广东政协委员罗必良教授有关“女博士是被挑剩下的产品”的言论受到各类媒体集中报道,并引发网络媒体热烈讨论。笔者在百度上检索关键词“罗必良女博士”,得到近24万条相

关报道和评论文章。[①] 尽管其中不乏对女博士谴责罗必良观点的报道,但各类媒体作为围观者和受益者的角色是很明显的。

与"剩女"话语的火爆形成鲜明对比的是,在中国社会处于绝对剩余地位的"剩男"却不被媒体所关注,甚至在媒体视野中"集体消失"。因为在男高女低的婚恋模式中,只有处于社会最底层的男性才可能被剩下,这些人处于社会底层,多生活在农村或者城市边缘,社会和经济地位较低,缺乏接触和影响现代媒介的能力,因此,各种大众传媒有意地遮蔽和边缘化这一社会群体,从而造成了"只有剩女没有剩男"的假象。

在民粹主义文化取向和利益驱动下,媒介以丑化和嘲弄大龄单身女性来取悦受众,受众在猎奇和窥视的快感中消费着"剩女"这个带有中国特色的话语。大众传媒的这种行为会导致媒介文化的低俗化和庸俗化,不仅是逃避媒体社会责任的表现,还会削弱受众的审美能力,不利于国民素质的提高。

通过以上对"剩女"话语的理论分析,我们必须反思中国传媒在塑造和呈现"剩女"形象过程中出现的问题和失误。"剩女"这一带有贬义的称呼首先应该被摒弃,更不要刻意曲解和夸大大龄单身女性群体的特殊性,应正视她们存在的合理性,媒介自身应该摒弃男权主义的看客心态,以新闻专业主义规范严格约束自己的行为,追求报道的客观、中立、平衡。不可否认,在消费社会,传媒文化是消费文化的一部分。在商业利益的驱使下,传媒文化的内容、创意、形式不可避免地会以吸引受众眼球为旨趣,但如果媒体单纯追求这一目的则必然会走上低俗化、庸俗化的道路,而媒体在建构和传播媒介话语过程中的失实和偏颇,不仅会造成大众对事实的错误认识和评价,更重要的是这种一味迎合受众低层次需求的选择,终将阻碍我国媒介文化的创新与发展及国民素质的提高。

但是,正如商业媒体低俗化的动因来自对受众需求的迎合,阻遏媒介低俗化倾向的力量也来自受众。受众媒介素养的提高,会倒逼大众传媒及其从业者提高自身专业素养,遵循媒介伦理。面对受众对媒介信息的理性解读和批评,大众传媒或许只有一个选择:收敛商业化带来的"惯习",致力于创造和传播专业健康的媒介文化。无论是媒介从业者还是广大受众都亟须提高自身的媒介

---

① 参见百度搜索[EB/OL]http://www.baidu.com/#wd=%E7%BD%97%E5%BF%85%E8%89%AF%20%E5%A5%B3%E5%8D%9A%E5%A3%AB&rsv_bp=0&tn=baidu&rsv_spt=3&ie=utf-8&rsv_sug3=1&rsv_sug4=36&inputT=0,2014 年 4 月 8 日。

素养：媒介从业者要了解传播实质，明确传播意义，强化自身的职业道德和职业精神，成为真正意义上的传者；广大受众更要在享受网络带来的娱乐和便利的同时，提高对媒介信息的解读和批评能力，正确地判断和接受媒介信息。只有这样才能有效地创造和传播专业健康的媒介文化。

第三节　“屌丝”“国民老公”盛行下的媒介贱文化[①]

2015 年 2 月 15 日，新华社官方微博“新华视点”发表评论，批评“富二代”王思聪的择偶观是将“三俗”当个性。《人民日报》《光明日报》等各大媒体的官方微博随后竞相转载，被网民封为“国民老公”的王思聪成为众多主流媒体批评的对象。这一事件与其说是主流媒体对王思聪个人庸俗言行的批判，倒不如说是为“国民老公”王思聪在网络上的走红又添了一把猛火，由此引发的一场网络狂欢将“国民老公”的人气推向新的高度。[②]

2013～2014 年，中国各类社交平台就出现了大批以“犯贱”为荣的网民，他们无论男女都热切地称多金且任性的王思聪为“国民老公”，无论老少都谄媚地称声名远扬的韩寒为“国民岳父”，无论贵贱都卑微地称富甲天下的马云为“国民干爹”。跪拜“老公”、山呼“岳父”、祈求“干爹”，中国大量草根网民心甘情愿地高呼“我是你妻子”“我是你女婿”“我是你儿子”，以这种自轻自贱的生存姿态穿梭于各大网站，毫无遮拦地表达自己对权力、声名和金钱的崇拜感、饥渴感。这幅众生犯贱图构成了中国媒介文化的新景观——贱文化强势崛起，并迅速从网络空间向现实生活蔓延。对这一现象不能简单地认为是中国草根阶层对社会分化问题的民意表达，而应从心理认同和价值取向等方面探究广大网民无底线、无尊严地表达自己对金钱和权势的崇拜与认可的深层次原因。

web2.0 时代，网络成为信息传播的重要载体，网络主体不仅生产和传播信息，同时也被信息塑造和建构。面对当前贱文化在媒介大面积流行的现状，仅从道德层面上进行批判已不可能遏制这类现象的发展和传播。本书以多个网

① 本节内容参见周妍：《媒介贱文化批判——以典型网络热词为例》，《北京社会科学》2016 年第 2 期。

② 截至 2015 年 2 月 20 日，王思聪个人微博粉丝数量为 1700 万。而到 2018 年 6 月 29 日，王思聪个人微博粉丝数量已增至 2590 万。参见新浪微博，https://weibo.com/sephirex? is_hot＝1，2018 年 6 月 29 日。

络热词为分析对象，运用话语阐释学理论尝试厘清以“国民老公”为代表的网络媒介贱文化的发展脉络和建构过程并深入挖掘其本质内涵，以阐明媒介贱文化的危害。

一、媒介贱文化的发展谱系

从 2013 年开始在中国媒介文化中盛行的贱文化，其源头可以追溯到香港影星周星驰的系列电影。1994 年，周星驰主演的《大话西游》首次在大陆上映并一炮走红，自此周星驰及他的周氏电影受到很多大陆观众特别是青少年的追捧。在近百部周氏电影中，男主人公大多是一些被挤压、被损害的小人物，他们自觉、主动地采用一种自轻自贱的生存策略穿梭于权威之中，通过主动放弃尊严和无底线地自我戏谑顽强生存，甚而在嘲弄权威中实现了人生逆袭，诸如《大话西游》中的至尊宝、《鹿鼎记》中的韦小宝、《唐伯虎点秋香》中的唐伯虎、《九品芝麻官》中的包龙星等。步周氏后尘，港台影视娱乐节目中贱文化的身影比比皆是，例如台湾吴宗宪在《T 三贱客》中以各种“贱语”娱乐嘉宾和观众，《康熙来了》的主持人蔡永康和徐熙娣不仅以“贱人”“贱女”自居，还在节目中公然无下线、无节操地挑逗各路嘉宾。这些形象和节目内容由于迎合部分民众的低俗趣味而受到追捧，其喜爱者甚至以熟练记诵并创造性地使用此类影视节目中的经典台词作为身份标识，逐渐形成了中国早期小规模的贱文化群体，并作为中国青年亚文化的一种类型不断发展。但这个时期由于认同该文化的群体规模较小，其受关注度和影响力也较弱。

从 1994 年接入互联网到 2012 年的近 20 年间，中国的媒介文化一直处于雅文化和俗文化相互制衡的阶段，互联网上最活跃的是具有理性引导力的主流媒体和公知群体。以微博名人为例。2012 年新浪微博名人排行榜上，排名前 10 名的微博名人分别来自娱乐、商界、文学、科技等多个领域。虽然其中娱乐明星以强大的影响力占据较多席位，但李开复、张小娴等商界或文化领域的名人也保持着较高人气，莫言也凭诺贝尔文学奖迅速跃升至第 11 位。在网络空间居于意见领袖地位、享有话语优势的是来自社会不同领域的网络公知和大 V。接下来的 2013 年则是中国媒介文化发生重要变化的一年，也成为媒介贱文化发展谱系中的一个重要节点。在 2013 年的政府网络整治行动中，薛蛮子、王功权等纷纷落马，新浪微博名人排行榜随之变成了陈坤、姚晨等娱乐明星的天下。

这一变化反映了网民面对网络舆论生态变迁，在最初的彷徨和不知所措之后，逐渐发展成为线上追捧“一戏成名”的娱乐界名人、线下倾向于对不劳而获观念的认可。网民旨趣的转向，为网络贱文化的发酵和泛滥提供了温床。

2013年，媒介贱文化大爆发的标志是网络热词“屌丝”的走红。“屌丝”来自百度贴吧中运动员李毅的粉丝与其他网友之间的相互攻击，后来被用来讥讽那些具有穷、胖、矮、丑、呆等特点和有各种奇特行径及想法的人。一时间大批网民都来不及深究“屌丝”一词的内涵，就纷纷用它来定位自己和他人，并迅速从网络空间蔓延至现实生活。对“屌丝”一词的热爱，反映出中国越来越多的网民的自我定位不仅要将自己“低到尘埃里”，更主动将自己“低到裤裆里”；不仅对金钱和权势顶礼膜拜并以此为荣，还要把自己轻贱到极致。当2013年大批中国网民乐于以“屌丝”自居的时候，媒介贱文化已一跃成为中国网络媒介文化的主流之一，中国媒介贱文化的内涵也从自轻自贱发展成为自残自戕。

2014年的网络流行语“国民老公”是“屌丝”一词的延续和变形：自认为是“屌丝”的众多网民在韩寒的微博中跪拜“岳父”，在王思聪的微博中高呼“老公”，不加掩饰地言说着自己对名声和金钱的崇拜与饥渴。在汉语词汇中“贱”字是一个贬义词，有“地位低下、人格鄙陋”[①]的意思，但大量草根网民毫无困难地接受贱文化、传播贱文化的行为，致使“贱”字原本强烈的贬义色彩被严重削弱，演化成了一个网民喜闻乐见并带有自嘲自讽色彩的词语，并很快从网络媒体向传统新闻媒体逆袭。据笔者检索，截至2015年11月11日，中国各类媒体以“屌丝”入标题的新闻有162000篇[②]，以“国民岳父”入标题的新闻高达8470篇[③]。传统媒体对媒介贱文化大张旗鼓的迎合，起到了加速其传播和扩大其影响力的效果，反映出中国众多传统媒体对媒介贱文化的实质内涵和造成的严重问题并无相应的警惕和自觉。

---

① 魏建功主编:《新华字典》，商务印书馆2011年版，第229页。

② 参见百度搜索《屌丝》，http://news. baidu. com/ns? ct=0&rn=20&ie=utf-8&bs=intitle%3A%28%E5%B1%8C%E4%B8%9D%29&rsv_bp=1&sr=0&cl=2&f=8&prevct=no&tn=newstitle&word=%E5%B1%8C%E4%B8%9D&rsv_sug3=1&rsv_sug4=29，2015年11月11日。

③ 参见百度搜索《国民岳父》，http://news. baidu. com/ns? from=news&cl=2&bt=0&y0=2015&m0=11&d0=11&y1=2015&m1=11&d1=11&et=0&q1=%B9%FA%C3%F1%D4%C0%B8%B8&submit=%B0%D9%B6%C8%D2%BB%CF%C2&q3=&q4=&s=1&mt=0&lm=0&begin_date=2015-11-11&end_date=2015-11-11&tn=newstitledy&ct=0&rn=20&q6，2015年11月11日。

在厘清中国贱文化发展谱系的过程中,值得我们注意的是,不能不加区别地将网络红人芙蓉姐姐和凤姐纳入其中。虽然网民对芙蓉姐姐和凤姐的评价多使用“贱人”“犯贱”等词语,但这些都是他者对主体的评价和判断,属于被动语态,而非主动语态。面对铺天盖地的负面评价,芙蓉姐姐和凤姐都坚定地自诩为高贵美貌、自信博学的丽人,她们从来没有主动选择自轻自贱的自我定位和评价。鲁迅笔下的阿Q身份卑贱、地位低下,在自身被侮辱和被损害的时候,只能用精神胜利法来谋求心理安慰,百年之后的芙蓉姐姐和凤姐同样属于草根阶层,却因超凡的自我肯定而走红网络,她们是阿Q精神胜利法的嫡传弟子,却不是贱文化的代表性人物。当代媒介贱文化的特征在于主体自觉主动地选择自轻自贱、自残自戕的生活方式,这就与阿Q被动地选择精神胜利法截然不同。当代“屌丝”们不再用自我精神胜利来对抗他者的鄙视,而是自觉将自己定位成卑贱弱势的小人物,主动匍匐在权力、金钱和声望脚下,以一种“低到尘埃里”“低到裤裆里”的示弱姿态祈求权威的庇护,这是阿Q精神的“反转镜像”,是比阿Q更加不堪的生存之法。

二、媒介贱文化的实质内涵

市场经济条件下,逐利成为活动的原发动机,“人们的身份认同变得碎片、多元和混杂,过去那些没有话语权的社会边缘人群忽然走上了历史文化舞台的中央”[①]。web2.0时代的到来为走上历史文化舞台中央的社会边缘人群提供了自由发声的工具。网络热词的出现就是边缘人群集体创造自己文化的一种集中体现,是广大草根阶层真实喜好和诉求的精练表达。从词意层面上看,贱文化的代表话语“屌丝”含义极为不雅[②],而“国民老公”就是心甘情愿地和众多女性共享一个男人,这些没有自尊、毫无道德感的词语不仅是网络空间广大网民集体创造和争相使用的网络热词,在现实生活中也被越来越多的人用来定位自己和他人。面对网络贱文化愈演愈烈的现状,理性分析此类网络热词的实质内

① [美]劳伦斯·格罗斯伯格:《媒介建构:流行文化中的大众媒介》,祁林译,南京大学出版社2014年版,第58页。

② 参见百度百科《屌丝》,http://baike.baidu.com/link?url=rYEPfCChkgpcydPZqcVkZsz-5I6VQATOoYPdmcejYVFCX2sm8I-9Qixb5k-ks-2QEccIaFimU7QQhow8b7dmNnuQHi5Y8Ji_UYYGu2eK_YK,2015年11月11日。

涵和建构条件，发掘其背后隐藏着的社会问题显得尤为重要。

以“屌丝”为代表的媒介贱文化，首先是一种带有现代颓废特征的奴性文化。在文化层面上，颓废是一个有着悠久历史的概念，植根于人对时间的单向流逝和对命运不可捉摸的本能恐惧，同时也是一个不断变化的发展性概念，代表着一种方向或趋势。伴随着现代科学技术对自然“祛魅”的不断成功，人们越来越清醒地认识到自身存在的本质性残缺以及无可救药的衰落和溃败，这种现代社会独有的危机意识迫使更多的人选择一种及时行乐的生活方式。卡林内斯库认为，颓废“这个概念在 19 世纪逐步发展，在 20 世纪随着‘颓废主义’这个美学—历史范畴的出现而达到顶峰”[①]。颓废作为现代性五副面孔之一，其首要价值在于利用放荡不羁来对抗世俗和功利，依靠审美感性来拒斥现代资本主义的一统天下。但是，中国媒介贱文化中的颓废，却是一种没有生长力、创造力和生命力的精神状态，仅仅表达了贱文化群体哪怕只是强权旁边的毫毛，也坚决地依附着强权、坚定地簇拥在强权周边的诉求。现代性中的颓废隐藏着的反抗精神也在“屌丝”人群中嬗变为自觉地自戕自损的奴性气质，不再是草根网民的自嘲或者反讽，而是过度反讽后的自残。这就导致自强不息崩溃，颓废之风盛行，“英雄不问出身”的勇气亦消失殆尽，“争当奴才而不得”的强烈愿望却逐渐上位，演变为一些草根民众的真实心理状态。

其次，媒介贱文化还是一种带有现代媚俗特征的绝望文化。如前所述，新华社官微对王思聪微博发表的择偶标准作出评论，批评其“肆无忌惮传播三俗，挑战社会道德和价值底线”[②]。与王思聪公布择偶标准相比较，更为严峻的是众多网络“屌丝”对该标准的竞相迎合。“在主要以服务为取向、强调富裕和消费的后工业社会中，媚俗艺术已成为现代文明生活的一个核心因素，已成了一种常规地、无可逃避地包围着我们的艺术。”[③]作为一个独立的个体，王思聪庸俗的择偶标准充其量只是现代社会及时享乐、瞬时审美的媚俗现象的具体表现而已。真正应该发人深省的是王思聪本人仅凭家世就被尊为“国民老公”，而他的

---

① [美]马泰·卡林内斯库：《现代性的五副面孔：现代主义、先锋派、颓废、媚俗艺术、后现代主义》，顾爱彬、李瑞华译，商务印书馆 2002 年版，第 167 页。

② 参见新华视点《某“二代”情人节放话：“我择偶标准就是胸大”》，http://weibo.com/xinhuashidian?is_all=1&stat_date=201502&page=11#feedtop，2015 年 12 月 12 日。

③ [美]马泰·卡林内斯库：《现代性的五副面孔：现代主义、先锋派、颓废、媚俗艺术、后现代主义》，顾爱彬、李瑞华译，商务印书馆 2002 年版，第 15 页。

择偶标准却成为众多“屌丝”女性奋斗的目标。如果说“楚王好细腰，宫中多饿死”是对王权的依附与谄媚[①]，那么“思聪好胸大，网上多吹捧”无疑是对金钱的屈从和膜拜。“国民老公”择偶标准受到网民热议和追捧是一种与现代文明相悖的历史倒退：物质财富与社会地位成为男人权威和吸引力的绝对来源，容貌和身材成为评判女性的唯一标准，拥有此来源的男人可以如帝王般“坐拥”天下女人，容颜姣好、身材火辣的女人可以共享一个有权多金的男人。这种对现代文明和现代女性极具侵犯性的话语，非但没有引起广大女性网友的反抗和批判，反而成为她们争相奋斗的目标和自我衡量的标准，这才是对现代文明和社会道德的巨大挑战。

王思聪被奉为“国民老公”，不是因为他有潘安的容貌和子建的才学，更不是因为他有安邦定国的能量和智慧，而只因为他是当代首富王健林的独生子。众多网民在王思聪的微博跟帖中狂喊“国民老公”，与其说是对王思聪本人的热爱，不如说是对金钱的顶礼膜拜。作为“富二代”的王思聪曾不无自我调侃地承认“没有你爹，你什么都不是”，这说明他本人其实完全明白“国民老公”封号的实质。由此可见，被追捧的“国民老公”和追捧他的草根民众一致认可“金钱至上”的观点，这是贱文化在媒介大行其道的根本原因。网络空间以“屌丝”为代表的草根阶层无所顾忌地将攀附权贵作为追求的唯一目标，以“国民老公”为代表的富裕阶层将炫耀金钱、权势作为成功的唯一标志。这类媒介文化的盛行昭示了中国的阶层固化问题已经对一些普通民众产生了消极影响，秉持贱文化的网民在迷茫中开始集体走向堕落，甚至底层草根和上层权贵竟然同时从媚俗拜金的价值取向中获得了认同感、亲密感和成就感。人类学家丽萨·霍法姆(Lisa M. Hoffam)认为，当代中国青年的主流成功观是“大量青年人才因其成长、教育背景对国家形成强烈忠诚心，以‘爱国主义’之名规划职业，并为了国家发展更好而在其专业素养上持续精进”[②]。尽管如此，目前网络中充斥的这种颓废而奴性、媚俗而绝望的媒介贱文化也是不容忽视的。这是广大网民在现实生活中丧失希望后发出的自戕式呐喊，与充满希望的主流成功观形成强烈对比。

---

① 方勇译注：《墨子·兼爱》，中华书局2011年版，第205页。

② M. T. Szablewicz, The “Loser” of China's Internet: Memes as “Structures of Feeling” for Disillusioned Young Netizens, *China Information*, 2004 (28).

三、媒介贱文化走红的原因

(一)从网络主体的维度来分析贱文化的成因

西方现代结构主义理论认为,“是语言构建了主体,而不是主体构建了语言”[①]。在印刷媒介时代,人被建构为有稳定和固定身份的主体。网络时代的到来;颠覆了人们对有固定身份的理性主体的认同。传统社会中的成年人只拥有一个真实成型和不变的自我,网络空间的诞生却导致曾经成型和不变的自我变得多元和多样。普通大众通过网络可以很便捷地实现对自己新身份的界定,在现实社会中被压抑、被约束的那个固定自我可以得到释放和弥补。例如:现实社会的边缘群体可以在网络空间成为意见领袖并赢得尊重和声誉;现实中的心理和生理残疾可以在网络空间被遮蔽,并转变成为完美角色,得到关注和爱戴。心理学家约翰·苏勒尔(John Suler)曾提出:“由于匿名性、互不见性、交流不同步、过多的自我投入感、游离于现实的想象、权威被弱化等六方面原因,网络中更容易出现极端行为。”[②]从心理学角度看,网络虚拟空间本身就具有易积聚负面情绪的特点,网络中的“第二自我”实质上是“一种揭露和隐藏:隐藏了现实世界被诸多规则压抑着的理性自我,揭露了被压抑了的内心世界的真实欲求”[③]。大多数网民在网络中会按照自己内心的真实欲求建构“第二自我”的身份,将个体从社会身份、地理位置和生理特征的束缚中解放出来,网络空间的匿名性又保证了个体可以直抒胸臆而不用担心会受到惩罚。但是,网络的匿名性、解放性和平等性同样是一把双刃剑:它一方面给中国普通大众提供了展示自我的新平台,成为中国媒介文化繁荣的基础;另一方面也导致空前繁荣的媒介文化鱼龙混杂,良莠不分。

“随着传统、习俗和血缘关系在现代社会的断裂,个人越来越趋向于以单子的形式在社会中独立存在,这就导致了他们很容易变成权威的牺牲品,成为被媒介组织操纵的工具,内心非理性的最低等的欲望也更容易被唤起。”贱文化的流行可视为中国广大网民积聚已久的负面情绪大爆发的标志。建构、接受并传播媒介贱文化的主体是一群直白表达以自甘堕落为荣、以卑躬屈膝为乐的“贱

---

① [美]马克·波斯特:《第二媒介时代》,范静哗译,南京大学出版社2001年版,第90页。

② John Suler, The Online Disinhibition Effect, *Cyberpsychology & behavior*, 2004(7).

③ 林东泰:《大众传播理论》,台湾师大书苑有限公司2004年版,第572页。

民”。2013年，著名导演冯小刚曾在微博上对“屌丝”一词表示强烈不满，却受到了网民的激烈反击。笔者研究发现，在冯小刚所发的这条微博下的68626条评论中，反对意见占了近47%，很多反对冯小刚的人认为这是冯导幽默感的丧失，如“@史玉柱”：“我就喜欢自称屌丝。是自贱吗？本屌丝也不知。反正我以后继续以屌丝自居。”[①]继网友炮轰冯导之后，2014年，越来越多的网民在王思聪等名人的微博下俯首称“婿”、称“妾”、称“子”。这些网络热点事件赫然昭示着在中国的网络空间中为数众多的网民具有自甘轻贱的倾向。

以“屌丝”“国民岳父”为代表的媒介贱文化建构的是一群以膜拜金钱为荣、以自轻自贱为乐的主体，他们自愿承认矮人一截以求苟活于世，他们自甘为人子、为人婿、为人妾，以谋得虚拟的依附感。这种主动示贱的心态不能简单地看成是自我嘲讽，而是自我讽刺之后的自我戕害。当网民热衷于自称“屌丝”、热衷于和名流攀亲认爹的时候，孟子的“富贵不能淫，贫贱不能移，威武不能屈”的尊严早已荡然无存，留下的是网络中甘愿自轻、自贱、自残的贱客一族。传播学者雪莉·特克(S. Turkle)认为：“在网络中你可以成为任何人，只要你希望，你可以成为一个全新的自己，没有人看见你的肉体、听见你的口音，他们眼中只有你的文字，从而在网络中实现‘第二自我’。”[②]如果任由网民在网络空间中乐于接受和构建一种自轻自贱的“第二自我”，势必会导致越来越多的人在现实空间中的“第一自我”也会逐渐认同膜拜金钱、攀附权贵的人生观，这不仅会妨碍自尊、自强、自爱的现代公民观的形成，也将导致现代公民价值观的扭曲。

(二)从社会环境的维度来分析贱文化的成因

随着市场经济的发展、科学技术的革新、司法体系的完善和市民社会的建立，现代社会逐渐形成，人们从对血缘关系的依附中解脱出来，根据自己的市场价值被配置在相应环节中，通过自己的劳动获取生活资料和尊严感。从这一层面来讲，现代社会是最大限度地张扬了人作为独立个体的价值和尊严的历史阶段。但近年来中国网络空间中却爆发了与现代精神背道而驰的贱文化，使我们不得不严肃反思社会发展中出现的各种问题。改革开放40年来，中国取得了

---

① 参见新浪微博《称自己是草根是自嘲，称自己是屌丝那是自贱》，http://weibo.com/fengxiaogang?is_all=1&stat_date=201302#feedtop，2015年12月10日。

② S. Turkle, *Life on the Screen: Identity in the Age of the Internet*, New York: Touchstone, 1995, p. 184.

举世瞩目的成就，社会面貌有了极大改观，但也不可否认由于传统的根深蒂固它还仍然是一个巨大的人情社会，个人有时不能仅凭自身才华、能力、信用和品格获取发展机会和平等生活，而是要依附于各种错综复杂的人际关系，在现实生活中找关系、搞关系、靠关系成为中国人必备的生存法则。现实生活的无奈使一些青年认识到很难通过个人努力实现社会阶层上升的残酷现实，这一人群便在网络空间演变成主动甘为“屌丝”的贱客一族。

孔子曰：“丘也闻有国有家者，不患寡而患不均，不患贫而患不安。”[①]中国经济在高速发展，社会财富急剧增加，但贫富分化问题却日益凸显，具体表现之一是个人财富指数犹如坐标，将不同阶层的人牢牢地限制在自己的位置上。有些人生而有钱，毫不费力地继承雄厚的家产；有些人生而贫窘，努力攀登也只能惨淡度日。少数掌握了金钱、权力和声望的人对社会资源的无限占有使社会有限的上升空间越来越逼仄，越来越多的普通人在实际生活中无力面对层出不穷的各种问题，诸如房价居高不下、苦读多年却难以就业、生老病死难以承担等，这些现实的巨大压力让越来越多的人特别是青年人深刻感受到了生活的艰辛和奋斗的无望。这样的社会现实必然造成一些普通大众的心理失衡，让曾经鼓励他们自我奋斗的成功观幻灭，剩下的只有无法改变现实的无奈感，从而导致他们很容易成为现代社会的颓废者。他们厌倦平庸生活的无奈和琐碎，厌倦社会伦理道德的虚伪，渴望提升自己的社会等级却又无能为力，最终只能无奈地将希望寄托在依附权贵之上，希望通过出卖自己的尊严和价值来获得权贵的垂怜，从而改变自己的命运。基于这样的社会现实，某些普通网民才会在网络空间以不惜自我贬损的方式表白自己对权贵的攀附，在王思聪的微博下跪喊“老公”，在自己的微博里自称“屌丝”，实质是对权力、对金钱的顶礼膜拜，也是对现实、对自我的无奈放弃。

四、消解媒介贱文化的对策

2015年10月15日教育部发布的《2014年度中国语言生活状况报告》明确指出：“在2014年度国家语言监测语料库中，使用频率最高的‘脏词’是‘屌丝’，

① 张燕婴译注：《论语・季氏》，中华书局2008年版，第250页。

高达1942次。"[①]以"屌丝""国民岳父"等网络热词为代表的媒介贱文化的流行，引发了中国网民特别是青少年的道德观和价值观混乱等诸多问题，这种情况已经引起了有关部门的重视。中国社会科学院语言所词典编辑室副主任程荣认为："这种以丑为美，以低俗为流行的价值取向将伤害汉语数千年的根基，使千年流传下来的中华文明变味儿。"[②]本书对此观点表示认同，同时认为我们不能简单地认定贱文化只是青年亚文化的一个类型而加以忽视，而是要在充分尊重网络空间的自由开放、确保当代中国媒介文化生命力和创造力的基础上，思考消解媒介贱文化负面影响的应对之策。因此，应分别从现实社会民生问题的改善、网络主体自律能力的提高及媒体社会责任三个层面进行积极探索。

从上文的分析可以看出，当代中国发展过程中出现的某些社会问题，是导致媒介贱文化流行的客观原因。近年来，中国经济高速发展，国家实力不断增强，国际地位不断提升，民生问题也有很大改善，但难免还存在这样那样的阶段性问题。这些问题导致中国广大青年在成长和发展过程中不得不面对上升空间狭小、生活空间逼仄、生存环境恶劣等多重困难，而这些困难仅仅依靠个人的奋斗和努力无法克服，使一些普通网民追求未来美好生活的理想无形中受挫，转而选择接受一种放弃尊严、自轻自贱的生活策略，从而为贱文化的发展奠定了受众基础。因此，首先在政策层面，各级政府、社会都应在积极改善民生问题上进行改革和调整，有针对性地制定出一系列民生保障制度和规则，为中国青年的成长和发展提供更加完善的途径和更加友善的环境，坚定他们通过自身奋斗实现理想的信念，引导他们健康地成长为中国现代社会的合格公民，这是消解媒介贱文化负面影响的客观条件和现实基础。

消解网络贱文化的流行以及引发的诸多问题，还要侧重于培育行之有效的网民自律机制。美国学者斯皮内洛早在2003年就曾断言："网络空间言论自由和内容控制问题已无可争辩地成为初露端倪的信息时代最富有争议的道德问题。"[③]web2.0时代实现了传播模式从用户只能被动接受信息到共同生产内容

---

① 教育部、国家语委：《2014年度中国语言生活状况报告发布》，http://www.moe.edu.cn/s78/A19/moe_814/201510/t20151015_213466.html，2015年10月15日。

② 任敏：《十年间诞生5500余个新词　三成多新词生命力仅一年》，2015年10月16日《北京日报》。

③ A. Richard Spinello, *Cyberethics: Morality and Law in Cyberspace*, Sudbury: Jones and Bartlett Publishers, 2003, p. 53.

的重大革新，普通网民的表达自由得以彰显，由此催生了各种以个人信息为主要内容的社交平台和各种不同类型网络文化，这一重大变化使网民的道德自律成为维系网络秩序的重要条件。普通网民在网络空间中的道德自律意识和自律能力主要依赖其在现实社会中的道德认知和道德规范，因此在全社会大力弘扬社会主义核心价值观，制定相应的网络道德规范，有效地利用学校、社区、媒体等各种渠道创造传播格调积极、内容健康和形式通俗的媒介文化产品，潜移默化地影响民众的审美水平和价值取向，提高全民的道德水平和媒介素养，成为消解媒介贱文化负面影响的长效之方和根本之道。

网络热词的传播是一种自下而上、由网络“反射”传统媒体的模式，当某种社会热点事件或现象出现之后，网民可以自由地在微博、微信等社交平台上表达意见和观点，这些观点被不断加工凝练形成短小精悍的网络热词后加速传播。随着传播速度的加快和传播范围的扩大，这些网络热词引起传统媒体的关注和报道。传统媒体的加入往往会再次扩大网络热词的传播和影响范围。在这种由网络而及传统媒体的新型传播路径下，各类主流媒体如何在眼球经济和社会责任之间取舍显得格外重要，这是网络环境对媒体履行“把关人”职责的巨大挑战。从上文论述可以看出，“屌丝”“国民岳父”等网络热词在中国传统媒体的新闻标题中频频出现，对媒介贱文化的传播起到了推波助澜的作用。这一现象说明，不少传统主流媒体在吸引受众注意力、博取受众眼球的过程中，轻忽了自己“把关人”的职责。因此，媒体不能放弃社会责任，要强化把关责任，在报道内容的选择上要注重价值导向，绝不能一味迎合受众低俗的信息需求，要肩负起传播先进文化的重任，通过生产和传播优质内容，推动中国媒介远离贱文化，提高中国国民的媒介素养，实现媒体健康长远发展。

总之，穿梭在 web2.0 时代中国网络空间中的，不能只有如蝼蚁般自轻自贱的草根网民，而应该是自信自强、才华横溢的网络主体；诞生在 web2.0 时代中国网络空间中的，不能只有低俗文化、庸俗文化和卑贱文化，而应该是融合时代精神与传统文化精华的大众文化。

第四节 网络热词的文化批判

如上文所述，作为网络舆论的重要表征，网络热词已成为当代中国普及度

和影响力空前的媒介文化现象。层出不穷的网络热词是一场场没有主体身份感的狂欢，虽然不具备审美神圣性和形而上学的深刻精神内涵，却标志着中国普通大众已参与到文化意义生产的过程中，在生产和传播网络热词的过程中享受着消解权威、建构自我的快感。上文对“剩女”“贱文化”等热词构成的词媒体作了个案分析，本节将着重对各类网络热词进行话语理论和舆论学等视角的批判性研究，以进一步揭示网络热词的传播特征和文化价值。

新华社前社长南振中以“两个舆论场”来描述网络环境下传统媒体的舆论垄断被打破、网络民间舆论场的崛起。[①] 网络环境下，信息从稀缺变为过载，舆论也从传统媒体时代的单一走向网络时代的多元。普通民众得到网络“赋权”，过去“沉默的大多数”获得了前所未有的发声机会，网络新媒体形成舆论、反映民意、凝聚共识的作用已不容低估。作为网络舆论的重要表征，网民使用的流行话语竞相出现，从社交媒体扩展到主流媒体，从网络空间蔓延至现实社会，其影响力和普及度不容小觑。在网络空间，“当一个事件或一种现象出现时，人们不再是四平八稳地用一堆旧有词语去讲述它，而是将之代码化——概括成一个新词……用词语来记录历史、描述社会、反映生活”[②]，这类新词被称作“网络热词”。这类词语大多是随着社会热点事件的发生在网络上兴起，并流行于网络内外，既反映了民众对热点问题或现象的关注热度，也体现了他们对该问题或现象的态度和立场。

2006 年，网民胡戈的恶搞视频《一个馒头引发的血案》将网络上的大众狂欢推向了高潮。这种源于日本流行语 KUSO 的草根文化，让中国网民的智慧和创造力在网络中得以展现，他们运用多种媒体传播手段，对大众熟知的人或事物（如图片、歌曲、影视作品等）进行具有讽喻、夸张、曲解和幽默意味的二度创造和颠覆性解构。[③] 能够熟练使用数码产品和音视频剪辑工具的网民，通过剪辑、拼接和戏仿等方式对精英文化和主流意识形态进行戏谑和讽喻，并通过网络进行广泛传播，在颠覆和反抗社会权威的同时宣泄了草根网民的情绪和情感。恶搞视频的甚嚣尘上，让中国民众第一次感受到了网络狂欢的魅力和乐趣，极大激发了网民的创造热情和动力，也引发了学者的讨论和思考。随后流行开来的

---

① 参见《人民网评：打通“两个舆论场”》，http://opinion.people.com.cn/GB/15119932.html。

② 教育部语言文字信息管理司：《中国语言生活状况报告(2011)》，商务印书馆 2011 年版，第 8 页。

③ 参见覃晓燕：《后现代语境下的恶搞文化特征探析》，《现代传播》2008 年第 1 期。

网络热词则成为广大网民喜闻乐见的又一媒介文化类型，并迅速在网上网下广泛传播。与恶搞视频相比，网络热词的创造与流行一方面摆脱了音视频剪辑工具等技术限制，创造和使用的门槛更低，更容易获得大众的身份认同，另一方面实现了与社会热点事件同步出现，可以简单明确地表达网民立场和情绪，更容易引爆舆论话题，引发集体行动。

因2016年1月“FB网络表情包大战”①快速兴起的网络表情包，是一种融合了文字、图像和动作的多模态话语，具有更直接的视觉模态传播效果，正逐渐成为媒介文化的一种新的表征形式。网络热词与网络表情包呈现出相互融合的趋势，网络热词成为网络表情包的重要来源。与网络表情包相比，网络热词的创造与传播并不完全依赖互联网和数字终端，网络热词的受众层次更加广泛，其影响力也比网络表情包更大。网络热词可以被视为目前网络民间舆论场最重要的话语之一，是一种具有广泛普及度和空前影响力的大众媒介文化，是大众参与政治与公共事务讨论的新模式，因而成为学术界研究的重要对象。

从文献分析看，目前对网络热词的研究主要有：一是把网络热词当作一种传播现象，当作反抗权力的“集体发声”，从宏观上研究其传播特征；二是运用定性比较的方法，揭示网络热词得以高热度传播的微观机制；三是在亚文化传播视角下，剖析网络热词产生的社会心理学原因；四是对“土豪”“屌丝”“剩女”“Duang”等单个网络热词进行语义阐释、文化解码和伦理反思；五是从新闻业务视角，探究网络热词进入传统媒体新闻标题的传播影响。现有研究多限于新闻传播学、语言学或伦理学等单一学科，对网络热词的某一方面问题进行描述和阐释。本书尝试运用传播学理论、文化研究理论和西方现代哲学的话语理论，剖析网络热词的大众审美取向、意识形态博弈、话语权争夺等问题，挖掘作为媒介文化现象的网络热词的价值和意义，揭示网络舆论生成与引导的机理，以期对网络社会治理有所助益。

---

① 2016年1月，在百度贴吧“李毅吧”的提议下，中国大陆网民以“反台独，促统一”为号召，翻墙在《苹果日报》、三立新闻和蔡英文等的Facebook主页大量发布评论刷屏，逼迫三立新闻、蔡英文的Facebook主页关闭评论或删文。因大陆网民使用的主要方式是“网络表情包”，所以此次事件被称为“FB网络表情包大战”。

一、远离审美神圣性的网络狂欢

以网络热词为表现形式的网络文化兴起，与传播技术的更新迭代密切相关。数字化媒体的即时、海量、低成本、检索便捷等特点，为网络热词生成所需的信息互动传播提供了技术支撑。传播技术的进步革新了当代中国人的阅读习惯和认知模式，人们对外部世界的认知不再仅凭亲自感知和亲身经历，而是越来越多地依赖互联网的海量信息。这种新的认知方式虽然扩展了人们对世界认知的广度和深度，但知识的来源却是一个符号编码的“拟象世界”。在这个“拟象世界”中，一切都变成了可复制、可录入的数字化、虚拟化的符号，无论是人们自身的知识经验还是自然实体事物都会被这个符号编码系统所遮蔽，文化生产也不需要任何对真实的许诺，“现在调控社会的不是现实原则，而是仿真原则。终极物已经消失，现在模型生成我们”①。“拟象世界”的海量信息迫使置身其中的人们不得不加快阅读速度以提高信息获取的数量和频率，没有时间品读大段的文字，没有精力咀嚼语句的内涵，更没有兴趣咂摸篇章的韵味。关注标题、关键词或图片的碎片式阅读模式被越来越多的普通大众接受并依赖，前互联网时代有深度的精读模式被这种浅阅读模式所取代，高雅文化、精英文化的地位被撼动，大众化、通俗化的媒介文化逐渐成为主流文化。网络热词作为一种重要的媒介文化，具有自身的独特性：它短小精悍、灵活多样，可以在海量信息中迅速抓住受众的眼球；它凝练含蓄、蕴含深意，可以高度浓缩尽可能多的信息；它质朴平实、生动形象，可以引发很多受众的认同与共鸣；它幽默辛辣、生动形象，可以明确清晰地表达广大受众的态度和情感。正是具备这些特点，网络热词最大限度地适应了当下传播互动性强、传播速度快和形式口语化的时代特点，因此成为草根民众乐于创造和传播、流行于网上网下的重要媒介文化。

在媒介市场化和产业化的背景下，大众对网络热词的追逐和热捧势必引发商业资本的介入，为文化的通俗化和媒介化转向推波助澜。目前，百度、搜狗、互动百科等互联网企业均已设立专门搜集、阐释和传播网络热词的专业网站，并利用网民新的信息阅读和传播习惯获取高额商业利润。以互动百科为例，该

① ［法］让-鲍德里亚：《象征交换与死亡》，载汪民安等主编：《后现代性的哲学话语——从福柯到赛义德》，浙江人民出版社2000年版，第303～304页。

网站通过汇聚、整理和编辑各种网络词语，将那些受众喜闻乐见、形式简洁生动、含义形象精练的网络词语挑选并发布出来。为了吸引网民关注，网站还会根据网络热词的点击量和编辑量生成“10大热词”榜单，包括“日榜”“月榜”和“年榜”。通过定时向合作的传统媒体、SNS站点和手机报等媒体推送网络热词，帮助合作媒体从中寻找新闻线索、挖掘新闻背后隐藏的信息等方式赢得注意力和商业利润。由是观之，网络热词并非一种简单的网络空间出现的汉语新词，而是网络传播技术与商业资本合力催生的媒介文化。这种媒介文化集参与性、浅显性、娱乐性和通俗性等特征于一身，代表着当下中国逐渐远离神圣性的文化审美趣味。

本书对互动百科网站2010～2017年的780个月度网络热词进行分类整理和统计分析发现，网络热词覆盖了从国家政策到经济发展、从社会热点到百姓生活、从文化娱乐到环境科技等方方面面，越来越多的中国普通大众习惯借助这种浅显直白、通俗易懂、标签式的词语来认知、概括和评价周围世界。25岁以上单身女性被称作“剩女”；普通人乐于自嘲为“屌丝”；一掷千金的人都是“土豪”；首都北京的空气质量不仅有“十面霾伏”，还有“APEC蓝”；中国食品不安全充斥着“转基因”“僵尸肉”“地沟油”……对于网络热词的众多使用和传播者而言，信息的真实与否并不重要，重要的是在这一过程中享受到了参与和分享的快感。2016年度网络热词“吃瓜群众”正是这一群体的身份标签。“吃瓜群众”对热点事件的真相对错和评论的公正与否并不太关心，他们甚至可以被假象愚弄和欺骗，但并不影响他们以自己的视角判断是非，围观取乐。小说《吃瓜时代的儿女们》的作者刘震云就曾说：“生活中每天都发生着惊心动魄、让人乐不可支的大戏，每个人都是吃瓜群众，同时每个人也是被吃瓜群众围观的人。看热闹不嫌事大，说这个疮长在哪个地方不疼？长在别人身上不疼。当事人痛不欲生，吃瓜群众乐不可支。”①热词“吃瓜群众”，表征了网民习惯于通过围观和窥视网络热点事件，获得参与其中的兴奋感和成就感，这种基于感官刺激的快感正成为网络媒介文化的主要审美趣味。

在可以追溯到新石器时代的传统社会里，人们的文化审美趣味建立在农耕—手工劳作的基础上，农耕—手工劳作是一种实际的、实在的人与自然的关

① 参见刘震云：《我的写作刚刚开始》，2017年11月3日《铜陵日报》。

系，从这种关系中人们领悟到的是自身的有限性和自然不可亵渎的神圣性。无论中国人追求“形似”“气韵生动”的书法绘画，还是西方人建造的庞大高耸的神庙教堂，人类艺术和文化的最高境界都是通过自身的劳动虔诚地彰显自然的神性与灵性。进入现代社会，这种建立在农耕—手工劳作基础上的认知关系以突变的方式被科技和资本联手取代，传统社会“以人的身体实存为尺度”的文化审美经验系统被以纯粹技术和商业交换为尺度的现代文明所取代。技术越来越迅速、越来越无所顾忌地将一切事物变成生产的对象，并通过市场把生产的产品发送出来。同时，“人的人性和物的物性，都分化为一个在市场上可计算出来的市场价值。这个市场不仅作为世界市场而遍及整个大地，而且也作为意志的意志在存在的本性中进行交易，并因此将所有的存在物带入一种计算的交易中”①。网络技术进步和资本的运作进一步将人类置于一个充斥着符号编码与复制的“信息时代”，无论是人的知识经验还是自然的实体事物都被符号编码系统所遮蔽，人们的认知和经验不再与真实世界发生关系，传统社会天、地、人通过交互敞开而获得神圣的审美经验已成为过去时。在网络这个无任何确定意义的“拟象世界”，充斥着一场又一场的游戏，人们获得的不过是在永不停歇的荒诞游戏中“娱乐至死”的快感。“一切公众话语都日渐以娱乐的方式出现，并成为一种文化精神。我们的政治、宗教、新闻、体育、教育和商业都心甘情愿地成为娱乐的附庸，毫无怨言，甚至无声无息，其结果是我们成了一个娱乐至死的物种。”②层出不穷的网络热词就是当下中国大众在“拟象世界”亲手掀起的一场又一场狂欢的产物，是追求“娱乐至死”快感的文化形态，更是当代中国大众世俗化审美趣味的真实表征。

二、主体的消解与精神性内涵的失落

中国有世界最大的网民群体，7 亿多活跃在互联网上的民众实现了“数字化生存”，进入网络“拟象世界”。在这个虚拟世界里，时间和空间的距离被编码技术打破，人的现实身份和责任被数字技术消解，一切都变成了可以无限编码和复制的符号，人们可以随时随地发起对社会热点事件或现象的围观和评论。在

① [德]M·海德格尔：《诗·语言·思》，彭富春译，文化艺术出版社 1991 年版，第 104 页。

② [美]尼尔·波兹曼：《娱乐至死》，章艳译，广西师范大学出版社 2004 年版，第 4 页。

这个过程中，一些言简意赅、形式独特、诙谐幽默又能切合大众态度和心理的新鲜词汇或短语，会迅速吸引网民注意，进而被更多网民使用和传播，最终形成一个被普遍接受和认可的网络热词。这些通俗化、娱乐化的网络热词以前所未有的速度更新着现代汉语词汇，无论流行至今的“剩女”“屌丝”“天价虾”，还是新近出炉的“油腻”“佛系”“皮皮虾，我们走”，都是普通网民生产出来的汉语新词，见证着大众的关注焦点和审美趣味。值得注意的是，在这种媒介文化生成和传播过程中，鲜有人追问这些层出不穷的网络热词的内涵和意义，无人关心也无从知晓它们的首创者是谁，大家只热衷于在复制和传播网络热词的过程中获得参与其中的快感，醉心于这一场又一场人人创造、人人传播、人人调侃、人人发泄的网络狂欢。

与精英文化强调的个体—自我主体的权威性不同，网络热词文化是一种没有作者、缺乏中心的媒介文化，是通过操纵科技产品随意拼接、杂糅、复制的大众文化。网络热词的形式构成可以无视现代汉语的语法规则和形式要求，对各种不同种类的语素进行随意的“戏仿”和“拼接”，“将反映主要信息的词语置于重要的位置上，并在语言经济规律的作用下，尽可能地略去言语表达中的一些次要的词语或羡余成分”[①]，以最大限度地突出核心信息，适应新媒体传播的需要。过去有尼克松“水门事件”，现在就有“唐骏学位门”“肯德基秒杀门”等；书法有颜体、柳体之分，网上就有“我们体”“马伊琍体”“翻船体”等热词产生。电视剧《武媚娘传奇》被广电总局粗暴剪辑后成就了网络热词“捂媚娘”；北京城短暂而珍贵的蓝天被称为“APEC 蓝”，38 元一只的青岛大虾事件催生热词“天价虾”，轻松重创山东省斥巨资打造的“好客山东”旅游形象……汉字、拼音、字母、数字可以随意组合拼接，谐音、怪字、错字、别字可以任意杂糅，人们尽情享受着打破语言规律禁忌、随心所欲生产的快感。网络热词就是众多网民娱乐“戏仿”(parody)和杂糅拼接的“大杂烩”，借助传播技术和市场运作，成为网络环境下普及程度空前的草根、通俗媒介文化。

如果说人作为主体被肯定、被张扬是现代社会精英文化产生和发展的哲学前提，那么伴随网络环境下大众文化的崛起，个体的主体性风格和原作的独特“灵韵”不复存在，文化对于形而上学意义本源的追问也纷纷瓦解，个体—自我

① 于全有：《一种非常值得注意研究的“非常”语言现象》，《语言文字应用》2000 年第 1 期。

这个有限的生命主体终将在由互联网开启的“拟象世界”的无限与虚无中被消耗殆尽。大众在“拟象世界”享受娱乐化的“戏仿”带来的快感的同时，将前互联网时代的文化经典改造复制为缺乏中心、主体性和意义本源的大众媒介文化，“戏仿”的艺术与生活消费品之间没有距离，“戏仿”的语言不再追问艺术本源，“戏仿”的文化深度消失、主体消亡。在没有距离、没有深度、没有中心的“拟象世界”中，参与其中的主体化身为可以随意转换时间和空间的幽灵，时间、影像、思维和身体也变成了虚拟的存在，唯一真实和值得肯定的只有当下的本能和冲动。在充分调动原始本能和冲动的前提下，越来越多的普通大众乐于参与到“戏仿”当中，构成了“拟象世界”独特的文化景观：现代大都市个体的卑微与渺小，使很多普通民众在线上、线下都热衷于自嘲为“屌丝”；市场经济下民众对金钱和权力的崇拜和渴望，使素不相识的男女老少聚集在王思聪的微博上高喊“国民老公”；对权力滥用和腐败的仇视与敌意，使不同时空的网民聚集起来抢在司法判决之前对“药家鑫们”展开舆论审判……网络热词正是因为可以凝聚当下的本能与冲动、为民众带来发泄的快感和愉悦才成为最普及、最当红的媒介文化。

网络热词文化的内容、传输、表征等各环节，在消解人作为主体的合法性、权威性和独特性的同时，也使主体去中心化得以极端呈现，个体—自我成为传播学者麦克卢汉笔下的通信光缆中“无形无像之人”(discarnate man)。个体主体的消亡导致文化生产的模式只剩下无意义的“戏仿”，“戏仿”的文化不再承担有意义和为有意义而斗争的重负，剩下的只是当下的本能与冲动的单纯呈现，以及在呈现中获得游戏的狂欢与快感。即使这种快感某种程度上只是虚无的空洞和无意义的恐怖，代表着一种承认虚无的审美向度，但只要蕴含摆脱自然、理性、道德和意义束缚后的放纵感和无限感就已经足够了。层出不穷的网络热词本身就是一场场没有主体身份感的狂欢，它深刻地表征了当代媒介文化中个体—主体的权威性被消解、各种规则和禁忌被打破、文化艺术与日常生活的距离被填平的文化现状，这也是网络媒介文化趋于世俗化、平庸化的根本原因。

三、表征大众日常生活与标签化自我身份

根植于互联网科技和商业资本运作的网络热词文化，因追求“娱乐至死”的狂欢快感而远离审美神圣性，因个体—主体的缺失而失去形而上学的本源性意

义，但我们不能因此就悲观地认为网络热词毫无文化价值和意义，也不能一味地以“人文精神”或“终极关怀”为尺度对其进行否定性批判，而是应该清醒地认识到，在互联网技术开启的新的人类“存在性境遇”下，以网络热词为代表的媒介文化有着自身独特的文化价值和社会意义，并且从具体的文化氛围、社会环境出发，以世俗社会的公民价值对其进行客观公正的评判。

第一，网络热词文化的独特价值在于它与普通大众日常生活的密切相关性。在由数字化虚拟符号覆盖的“拟象”世界中，传统意义上的文学、艺术等文化领域的外延不断被拓展，呈现出与日常生活的界限逐渐融合的趋势，传统社会以精英创造为中心的文化辐射模式被置换为以大众接受为中心的生产模式，媒介文化正是这种生产模式的产物，而这种文化形态必然要与大众日常生活密切相关，只有如此才能激发普通大众参与的积极性和创造性。网络热词作为一种通俗、草根的媒介文化形态，因与普通大众的日常生活密切相关而具有独特的文化价值。笔者对2010～2017年互动百科网站公布的月度网络热词进行内容分析发现，各种备受关注的热点公共事件成为网络热词的第一大来源，热词常在公众对某一公共事件的围观和评论中催生。然而，普通民众的关注点往往会随着他们兴趣的变化而变化，这就决定了人们对网络热词这种文化的消费类似于日常生活的商品消费，“拒绝予以艺术对象任何特别的‘尊敬’，文本如同其他一切商品一样被加以‘使用’，而且和任何商品一样，如果没有用，就会被抛弃。日常生活的评判标准被使用到艺术作品之中，并且，经由所谓的‘艺术事物’与‘生活事物’之间的相关点发挥作用”[①]。网络热词是当下社会现状的真实写照，某些具体社会问题的解决或者热点事件的降温，或者某种流行现象的过时，都会引起与之相关的网络热词逐渐淡出人们的视野，沉淀为大众集体记忆的一部分。2014年3月29日，新浪话题“周一见”刷爆网络，同时被《新京报》《广州日报》《京华时报》等传统媒体使用，“周一见”迅速成为网络热词，成为“文章出轨事件”的代名词。明星丑闻事件因满足了广大网民窥视、围观、宣泄、娱乐等多重需求，而成为网络热词的重要来源。这些生动形象、轻松调侃的网络热词一经传播，便成为这些公共事件的简明标签。

---

① ［加］菲利普·马尔尚：《麦克卢汉传——媒介及信使》，何道宽译，中国人民大学出版社2003年版，第256页。

第二，在参与网络热词生成与传播的过程中，普通大众以戏谑、娱乐甚至粗鄙的形式表达对权威的冒犯和反叛，并借此展示自身的能动性和创造性。社交媒体时代，在新的信息生产和传播方式的帮助下，普通大众正在演变为“新数字时代民主社会”的公民，他们不再是传统社会中完全被动接受意识形态灌输的无助受众，也不是现代性文化中拥有自由意志的个体一自我主体，而是网络社会可以主动利用一切手段表达自我的“游牧式的主体”（nomadic subjectivities）。他们“以主动的行动者（agents），而非屈从式主体的方式，在各种社会范畴间穿梭往来”①。他们借助网络新媒体工具，创造各种表达自我或标记他人的媒介文化，以“油腻”为代表的网络热词就是其典型形态。创造一个词语标签化某一群体，一直是网络热词的一个重要功能。从 2007 年的“剩女”开始，10 年来网民对群体特征的标签化表达比比皆是且凝练生动：“剩女”凸显了大龄女性在择偶过程中的无奈，“屌丝”表达了普通大众对权力和金钱的膜拜和自污，“暖男”彰显当代男青年新的性格特征，“油腻”调侃人到中年的颓唐，“贫穷限制了我的想象”则隐喻普通大众对社会两极分化严重的不满……从这类网络热词的形成过程看，普通大众热衷于借助网络新媒体表达自我或标记他人，用游戏的方式娱乐自己和他人，并在这个过程中逃避现实社会中被构造的处境，在虚拟空间获得暂时脱离被现实社会规训的快感，这种快感“令上层觉得恐慌，却使下层人民感到解放。这种大众的、世俗的能量，一直是难于控制的一股力量”②。

网络热词成为当下中国普通大众逃避权威预设意义并用自己创造的方式解码信息的重要方式。它是由普通大众创造的，来自社会内部或者底层，而不是来自社会上层并由上而下加诸大众的文化。在网络热词这种草根、通俗、浅显甚至粗鄙的文化类型中，普通大众参与到文化意义生产的过程中，感受到了生产这些意义的力量和快感。这种力量和快感本质上包含着一种由下而上的多种力量对抗由上而下单一力量的魅力，在逃避、抵抗、冒犯中消解了精英文化的权威，有着吸引更多普通人参与其中的号召力。网络热词虽然草根、粗鄙、戏谑，但能带给大众消解权威、颠覆神圣的快感，甚至对中国的社会转型和民主进

① ［美］约翰·费斯克：《理解大众文化》，王晓珏、宋伟杰译，中央编译出版社 2001 年版，第 30 页。

② ［美］约翰·费斯克：《理解大众文化》，王晓珏、宋伟杰译，中央编译出版社 2001 年版，第 65 页。

程产生一定的推动力，这正是网络热词作为一种典型媒介文化值得肯定的价值和意义所在。

四、网络热词对公共话语的建构

网络热词是一种源于草根大众的自下而上的媒介文化，也是网络赋权下突破官方舆论垄断、活跃在民间舆论场的一种重要的公共话语。其出现与普及表征了网络传播格局下普通民众对公共话语权的拥有和掌控。作为源于现代语言学的概念，话语被20世纪中后期法国哲学家米歇尔·福柯界定为人类的言语活动及其说出的成形表述，其中包含形成言说的各种力量之间的关系和这些力量关系之间的博弈。话语逐渐消解了文本和著作的概念，禁锢在著作、文本中的思想被解放出来，可以在艺术、文学、科学等各种不同语言模式中存在，曾经被排除在语言意义分析之外的权力、禁忌、社会等动力因素，也逐渐进入人们探讨和分析的重要层面。福柯的话语理论重点强调了权力概念，认为权力并不只是政治权力，而是泛指一种普遍存在的支配话语或陈述形成的力量，既有压抑的作用，也具有创造的功能。福柯将权力与话语的关系界定为一种共生关系，共同构成了一个无处不在的权力网络：没有权力关系便没有话语，权力控制话语，话语也给人以权力，“贯穿权力—知识和构成权力—知识的发展变化和矛盾斗争，决定了知识的形式及其可能的领域”①。从规训人的身体到建构社会生活秩序，话语控制了包括传媒在内的社会各领域并向其间渗透。传播学的议程设置理论正是以福柯的话语理论为基础，研究有关社会公共空间话语权的竞争和实现问题，揭示大众传媒如何以其信息—知识优势，通过传播—权力机制赋予各种议程以不同程度的显著性，影响人们对周围世界的判断以及如何建构出不同社会公共空间的议程、图景和秩序。

在传统社会，精英阶层通过占有信息、知识而成为真理和真相的绝对垄断者，再经由传统媒体的自上而下的传播，社会公共议程便基本设置形成，普通大众只能是信息、知识和真理的被动接受者，他们不是议程的设置者，几乎没有话语权可言。但是随着网络传播技术的应用与普及，普通大众逐渐拥有了一定程度的话语权，他们不仅可以从互联网便捷地获取海量信息，还可以生产和传播

① [法]米歇尔·福柯：《规训与惩罚：监狱的诞生》，刘北成、杨远婴译，三联书店1999年版，第30页。

信息，表达意见和看法。“人人都有麦克风”的“万众皆媒”传播格局突破了传统媒体的信息控制，迥异于官方舆论场的民间舆论场逐渐崛起，社会公共话语权的高度集中开始发生变化。在由互联网建构的民间舆论场中，精英与大众之间、不同利益群体之间可以就某个特定议题进行平等对话和互动协商，去中心、反权威的民主观念和氛围逐渐产生。越来越多的普通大众开始通过网络对社会热点事件特别是公共危机事件进行全景敞视和围观，对官员、媒体、知识分子和其他传统权威提出质疑，官方话语权遭到了挑战。在意见和话语权的博弈过程中，各种短小精悍、通俗易懂并饱含了民众认知、情感和态度的网络反映热词层出不穷。

从这类网络热词诞生过程看，公共舆论场中“谁在说”的问题变得格外重要。传统媒体时代信息单向传播的模式被信息双向互动传播所取代，普通大众可以随心所欲、随时随地参与到话语生产中来。在社交媒体时代，社会热点事件的最早报道者往往是在场民众，他们利用互联网还原现场，追踪事件发展进程，通过舆论的力量质疑公权力机关调查结果，创造出“欺实马”这类嘲讽公权失范的流行话语。公共舆论场中“谁在说”一旦发生变化，必然带动话语生产的一系列“排斥程序”(procedure of exclusion)变化，这些“排斥程序”通过控制、筛选、组织和再分配等方式，组成一个复杂的网络，用来把握不可预料的可能性，并控制意义的繁衍。该程序在现代社会一直表现为大众媒体的议程设置机制。“大众媒体对某一议程越强调，公众的关注度也就越高；媒体对某一议程漠不关心或故意忽略，也会消减、转移公众的兴趣。”[①]在我国当下，大众媒体的议程设置功能常常被更代表普通大众意见的网络媒体所打破。可以想象，在传统媒体时代，公安、司法等公权力机关掌握着充分的话语权，即使普通民众对事件或结论有所质疑，也很难通过传统媒体表达观点并形成足以影响公共议程的舆论力量，不受舆论监督的公权力难免会失范甚至滥用。而在网络环境下，信息即知识，传播即权力。作为一种公共话语，以“欺实马”为代表的网络热词表征了中国普通大众获得了一定程度的话语权，并对公共议程设置产生影响。但是，在肯定网络热词赋予普通民众一定话语权的同时，也应该清晰地认识到网络热词的传播容易引发意见表达的无序化和群体极化的负面效应。网络热词很容易

① 胡百精：《说服与认同》，中国传媒大学出版社2014年版，第157页。

在生成和传播中变形，偏离事件真相本身，并裹挟大量不满和愤怒情绪，导致表达极端化甚至网络暴力的出现。

五、网络热词的批判性与话语平权

语言一直都是文化的风向标。民谣和顺口溜是传统社会的媒介文化，其影响力多限于老百姓的街谈巷议、插科打诨。而互联网时代的网络热词，不仅成为网络文化一景，还登堂入室走进了《人民日报》、央视等主流媒体，并被各级政府领导频频使用。网络热词文化的兴起，表明过去只能被动接受意识形态灌输的中国普通大众，得以娱乐和反叛的姿态主动改变中国媒介文化的书写方式，建构属于自己的文化形态。在传播技术更新迭代的助力下，传媒领域政治和市场二元导向被打破，意义生产和传播的主体由一元趋于多元，作为民间舆论场"晴雨表"的网络热词以通俗简单、戏谑娱乐的内容，短小精练、多变易逝的形式，记录了普通民众对国家政治、经济和社会变迁的密切关注，以及他们对这一变迁的观点和态度，成为老百姓集体记忆的重要组成部分。与传统社会的精英文化相比，尽管网络热词不具备文化的审美神圣性和个体—主体的权威性精神内涵，但作为一种公共话语，其与民众呼声和愿望密切相关，可准确反映社会各阶层的心态，一定程度上折射出社会真实状况，对推动社会进步发挥积极作用。但也必须清楚地认识到话语平权并不必然会把人类带入一个高度自由、民主和平等的理想国，而且就目前我国的网络环境来看，网络热词很容易演变为互联网情绪集体井喷的产物。如果不能对其加以有效引导和管理，很容易导致理性声音稀缺，人们寄望的公关领域也难以形成，最终使网络赋予的民众话语权也失去应有的意义和价值。

2017 年 12 月底，新华社等主流媒体首次高调介入年度网络热词评选，入选 2017 年度十大热词的"打 call""尬聊""你的良心不会痛吗""惊不惊喜，意不意外""皮皮虾，我们走""扎心了，老铁""还有这种操作""怼""你有 freestyle 吗""油腻"，主要聚焦百姓休闲、娱乐、购物等生活领域，除"怼"尚有民众表达不满和舆论监督的意涵，其余则突出正面舆论引导，让热词回归主流社会的意图明

显。[①] 从近年来政府加强网络管制的做法看，网络热词与社会公共领域建构之间的关系具有多义性，热词既可能继续作为公众表达意见、解决公共问题的手段发挥作用，也可能在主流意识形态的收编下失去批判性，以致完全脱离公共领域。

总之，在由互联网开启的新的历史境遇中，理性分析和合理认识网络热词的文化特征，更应该站在世俗社会公民价值的基础上，以合情合理的评价标准认识网络热词，以开放宽容的心态对待网络热词，以正确有效的方式引导网络热词，使其有效地发挥“社会减压阀”的作用，使个人和组织在公共空间中都能有机成长，精英文化和大众媒介文化均获健康合理表达，在意见对冲与妥协中各美其美、和而不同。

---

① 参见新华社新媒体专线《你没听过算我输！2017 年度网络热词新鲜出炉！》，www. infzm. com/content/131974。

第五章　词媒体的传播效果

德国哲学家哈贝马斯曾对公共领域给出经典定义：

> 所谓公共领域，首先意指社会生活中的一个领域，某种接近于公共舆论的东西能够在其中形成。向所有公民开放这一点得到了保障。在每一次私人聚会、形成公共团体的谈话中都有一部分公共领域生成。然后，他们既不像商人和专业人士那样处理私人事务，也不像某个合法的社会阶层的成员那样服从国家官僚机构的法律限制。当公民们以不受限制的方式进行协商的时候，他们作为一个公共团体行事——也就是说，对于涉及公众利益的事务有聚会、结社的自由和发表意见的自由。在一个大型公共团体中，这种交流需要特殊的手段来传递信息并影响信息接受者。今天，报纸、杂志、广播和电视就是公共领域的媒介。①

哈贝马斯所谈论的“公共领域”其实就是现代社会中的“共享世界”。现代传播技术的发展为任何可以生产意义的文化、社会和个人都提供了参与“共享世界”的机会。以web2.0技术为基础的新媒体时代，使所有“共享世界”的参与者们摆脱时空局限，通过多种更加自由和平等的渠道参与到“共享世界”的建构中来，因此当代媒介文化研究必须和个人在“共享世界”的交往能力、理解和参与习惯联系起来。

当前信息技术日新月异，信息总量前所未有地扩大，信息更新速度前所未有地加快。面对海量信息，越来越多的人习惯于通过抓取“关键词”来理解信息要点，以便更快更多地获取信息。在这样的阅读习惯形成之后，形式凝练、内涵丰富

① 转引自汪晖、陈燕谷主编:《文化与公共性》，三联书店 1998 年版，第 125 页。

的词媒体成为众人获取信息的重要渠道。如何用好词媒体这个新媒体形态，充分发挥其传播功能，实现更好传播效果，对未来新闻业乃至社会都有着重要意义。

第一节　扩大词媒体的积极传播作用

在社交媒体时代，普通民众有了表达意见和展现智慧的渠道。如何汇聚民众的意见和智慧并创造价值是当代社会的一个重要议题。一定程度上，词媒体这种新媒体形态可以汇聚民众力量、接合知识、传播知识、造福社会，所以应该充分肯定词媒体积极的传播作用，改进词媒体传播效果，努力探索用好词媒体的方式。

一、词媒体促进新闻信息更加全面真实

网络新媒体时代，传统媒体沿用典型报道等传统新闻生产模式采写的新闻，不仅宣传教育作用大打折扣，还常常招来受众的揶揄和嘲讽。比如在先进典型的新闻报道中，传统媒体习惯于使用一些无视客观真实的过度渲染、无限拔高的语言，模范人物必有无休止的加班、带病工作、艰苦朴素等描述，这些本来可以感染人、打动人的事迹，一旦被拔高到高大全、假大空的地步，就失去了最基本的真实性，很多“真事迹”变成“假故事”，招来公众的各种讽刺和挖苦，严重损害媒体的公信力。还有一些喉舌类媒体秉持居高临下的灌输思维，在新闻报道中突出领导形象，无视受众对信息全面真实客观的需求，失去了信息传播功能。甚至不少媒体秉持“灾难不是新闻，救灾才是新闻”的思维，把坏事硬生生变成好事来报道，一味唱赞歌，基本新闻事实和真相却遮蔽不报。比如，2015年1月哈尔滨发生一起仓库火灾事故，导致5名消防员死亡。该市公安局的官方微博“平安哈尔滨”在500多字的报道中，“领导高度重视”“做出批示”“紧急部署”占了近一半的篇幅，多名领导的名字和职务在文中出现，却唯独没有5名消防员的名字。该稿件发表后遭到舆论炮轰，不仅殃及哈尔滨公安系统的形象，还损害了地方政府的公信力。再比如2013年11月22日青岛输油管道爆炸，造成重大人员伤亡，但青岛本地媒体不报道灾难损失和事故原因，却使用大量篇幅报道各路救灾动态，一味唱赞歌，甚至使用了“官兵做饭，百姓喊香”这样“雷人”的新闻标题。还有媒体人高喊：“青岛不哭！青岛挺住！青岛奋进！”网

民对此评价说:“一出最悲的悲剧,充满了无耻笑声!”2018 年 6 月 28 日,上海世外小学学生被歹徒行凶攻击,造成两死两伤的严重后果。事件引起全社会热切关注,但 29 日的《解放日报》《文汇报》《新民晚报》《新闻晨报》等上海主流报纸,从头版到末版对该事件只字不提。在传统媒体时代,公众获取信息的渠道比较单一,控制了传统媒体的内容,也就控制了公众的信息来源,但在网络新媒体时代,公众对传统媒体的信息依赖已被打破。传统媒体不作为,或者受制于各种因素难以做到新闻客观真实,除了降低自身公信力,使传统媒体进一步边缘化,还等于把新闻产品供应和舆论引导的重任拱手让给了网络媒体。词媒体的勃兴,很大功能是弥补了体制内主流媒体新闻供应之不足。主流媒体的不作为,给词媒体的生成与传播提供了空间。

词媒体的生产过程是基于维基技术的多人协同合作生产知识的过程。维基技术的本质在于组织大规模的生产协作,该技术具有的开放、平等、自由、协作的精神可以运用到新闻生产领域中。它把观察环境、描述环境、解析环境这些传统媒体担负的职业使命越来越多地分解给广大公众。随着网络技术的发展,人们慢慢意识到信息整合的巨大力量,逐渐养成在论坛、讨论区等网络空间发布新闻信息、讨论公共议题的习惯。2008 年 5 月 12 日汶川大地震发生后,传统媒体的报道速度和报道内容第一次被现场民众即时发布的网络信息超越,网络新媒体的力量让人刮目相看:在场的民众成为最新一手信息的采集者和发布者,专业媒体反而退居信息补充和信息解释的角色。维基类新闻网站逐渐兴起,在这种网络平台上人们不仅能发布信息、表达观点,还能对他人发布的信息内容进行编辑、修改和完善。维基类新闻网站依靠网民集体的力量发布信息、完善新闻、补充细节,成为中国新闻信息发布的新模式。

当公民的个体力量被有效地注入某个社会协作过程的时候,个体自身不仅能获得愉悦感和成就感,还能在思想碰撞的头脑风暴中不断提升自我的媒介素养。个体在参与协作过程中会清醒地认识到自身的局限性,真实地感受到自身利益与公共利益的依存性,因此,维基类新闻网站的普及可最大限度地激发每个公民的创造力,并推动公民参与公共信息传播和公共议题讨论。在网民普遍参与的同时,维基类新闻网站也需要新闻专业人士的参与,才能做到新闻信息的客观真实,公众不至被假象蒙蔽。整合新闻专业人士的智慧和普通民众的资源是当代新闻生产的重要任务,也是中国大陆以互动百科为代表的专业网站努

力的目标。互动百科这种基于维基技术开发出来的网站给网民提供了一个汇集资料、声音和态度的平台，网民可以进行信息生产与汇合，可以就某个社会热点事件收集资料、发布信息、表达见解、亮出态度，加上相关专业人士对网民发表的碎片化信息进行编辑和整理，最终形成一个尽可能全面客观的词媒体，再向其他权威专业媒体推介。在新闻信息生成和传播中，该类网站成为一个重要的平台和纽带，发挥着越来越重要的作用。

面对草根力量不断壮大、自媒体日趋兴盛的社会环境，新闻生产的模式必然随之发生相应的变化，才能跟得上时代的发展和进步。因此，专业新闻媒体及其从业者不应该无视网民和各类网络媒体的力量。首先，应通过各种渠道尝试与网民合作，致力于生产高质量的新闻内容。其次，专业媒体人可以设置议程，提供工具，然后放手让网民选择报道主题，采写新闻报道，通过自媒体发布新闻，然后媒体人再进行新闻把关，最终发布一个权威、全面、真实的新闻报道。最后，专业媒体人应把更多的时间和精力用在深度调查报道上，攻克那些公众应当知晓但因种种阻碍难以知晓的新闻堡垒，提供更多真正的新闻真相。从词媒体的发展趋势来看，传统媒体垄断新闻信息生产和传播的局面已被彻底打破，民众会越来越深度地参与到新闻信息的生产和传播中来，这将有效地缓解由于各种客观原因而产生的事实歪曲和意见偏向的问题，广大民众“将在新闻的发现、细节描述、背景开掘、意义分析等涉及到新闻传播的各个环节注入他们的能量”①，使新闻信息更加准确、平衡、客观、多元、公正和中立。专业媒体人应尽快完成“华丽转身”，成为信息组织者和信息发布的全程管理者，并完成议程设置、工具提供和组织维护等相应工作。我们有理由相信，未来的新闻报道将形成一个专业媒体人与广大普通民众共同生产和传播的新模式。

二、词媒体促进民意表达更加多元畅通

新华社前总编辑南振中最早提出中国社会的“两个舆论场”问题。传统媒体基本从属于官方舆论场，在信息管控严格的时代，民间舆论场难以形成。即使在改革开放以后，民间舆论场的声音也十分弱小，城市的茶馆、酒肆、工厂、车

---

① 高钢:《谁是未来新闻的报道者？——维基技术的本质及对新闻报道的影响》,《国际新闻界》2008 年第 6 期。

间、办公室和农村的田间、地头、街边、炕头、打谷场往往会形成局部的民间舆论场，并且基本采用口头传播和人际传播的信息传播方式。这些民间舆论场的信息，传播路径上具有传播范围小、地域局限性大的特点，传播内容上具有内容层次浅、非理性表达多的特点，多是牢骚怨言和谩骂发泄，很难形成广泛的影响力和持久的生命力，这就造成了长期以来我国民间舆论场并不被重视的状态。

随着1994年我国接入互联网，民间舆论场逐渐开始发生变化，web2.0技术的应用彻底改变了民间舆论场原来的状态。“在信息化时代特色日趋鲜明的今天，世界上大多数国家的舆论生态，实际上都形成了两个舆论场：一个是由报纸、广播、电视、期刊等传统媒体形成的传统舆论场，一个是由互联网、手机等新兴媒体形成的新兴舆论场。”[①]互联网的互联互通打破了时空的局限性，形成了一个可以无时间限制、无地域限制、无人数限制的公共领域，越来越多的民众可以熟练地使用各种网络平台和应用来发出自己的声音，网络论坛、网络贴吧、腾讯QQ、博客、微博、微信都成为汇集民间舆论的公共领域，可以快速而广泛地传播各种信息。融合媒体使民间舆论信息可以便捷快速地综合文字、音频和视频等多重手段，帮助民间舆论场生产的信息达到前所未有的深度和广度。网民在网络空间不仅可以进行各种消遣和娱乐，还可以通过维护自身利益来推动社会进步，曾经“沉默的大多数”被互联网唤醒，在网络提供的公共空间发出自己的声音，公众的话语权不仅得到尊重并被不断落实，当下中国的民间舆论场已成为与官方舆论场并存的客观存在。

在民间舆论场中，包括词媒体在内的民意表达方式有很多种，这些方式都是当代中国社会普通民众获得话语权的体现。所谓的话语权并不能简单地理解为拥有表达和说话的机会，而是指生成和控制舆论的权力。中国人民大学新闻与社会发展研究中心主任喻国明教授曾经给“话语权”下过一个定义：“虽然每个人都拥有说话的权利，但是就其社会声音的表达而言，社会层次的分布是很不相同的，有些人的‘音量’比较大，比如他掌握着某种权力，操纵着某种国家机器，拥有某种财产；有些人的‘音量’比较小，因为他一没权，二没势，三没财。”[②]从这个定义可以看出，话语实质上是一种隐蔽的权力系统，表面上看起来

① 尹韵公：《中国特色社会主义新闻学的重大推进》，《新闻与写作》2008年第7期。

② 喻国明：《21世纪传媒业揭秘》，载赵均主编：《透视中国》，中国工人出版社2002年版，第101页。

没有由上至下的权力统治链条，却真实存在于社会生活的每时每刻，它意味着谁有发言权，谁没有发言权，一些人不得不保持沉默，因为他们的态度并不重要。例如，传统媒体时代，普通民众只能被动接受媒体由上至下传递的信息，他们几乎是没有话语权的。如同鲍德里亚说的那样："大众知道她什么也不知道，也不想知道。大众知道她什么也做不了，也不想做成什么事。"①

Web2.0时代的到来，网络技术为普通网民提供了更多发出自己声音的方式。1994年接入互联网以来的20多年，中国网民群体日渐壮大和成熟，利用网络进行民意表达的意识日趋强烈。"网民从网络媒体中获得强大的话语生产能力，在某种程度上动摇了传统媒体一贯拥有的话语霸权地位，在传统媒体话语之外，形成一股制衡的力量。"②互联网的发展与普及，促使当代中国社会形成了民间舆论与官方舆论场相互制衡、民众话语权与媒体话语权相互依存的媒介景观，中国普通大众可以更加多元和畅通地表达自己的意见和态度。

本书第二章曾对2010～2017年的词媒体内容进行了数据统计，其中有25%的词媒体是表达普通百姓的日常生活状况和境遇的，这说明词媒体已经成为我国民生状况的晴雨表。2009年7月27日，上海电视台播出了一部都市生活题材的电视剧《蜗居》，这部电视剧仅用4天时间就创下了收视率历史新高。这部改编自作家六六的同名长篇小说深刻表现了近年来中国大都市房价飙升对普通年轻人的生活和心理造成的挤压和扭曲，"蜗居"一词随即成为当月最热词媒体，并带动了更多人关注和关心在大都市中打拼奋斗的普通青年生活境遇，由此诞生了一系列相关词媒体，其中包括"蚁族""柜族""裸婚"等。其中"蚁族"指的是在北上广深等大都市打拼的大学毕业生群体，这些处于奋斗和打拼阶段的年轻人因收入低、房价高等客观原因，不得不聚居在城乡接合部，高智商、低收入、穷生活是他们的突出特征。比"蚁族"更让人唏嘘的是"柜族"，这是一个诞生于深圳的词媒体，特指那些因为收入低而不得不寄居在集装箱里的群体。"蚁族"大部分是寻梦的大学毕业生，而"柜族"则大多是在都市中讨生活的农民工，面对城市文明的挤压和劳动强度的高压，他们不得不将自己的生活需求压缩到最低限，过着一种没有基本生活保障和人格尊严的底层生活。此外，

① 转引自[英]吉姆·麦克盖根：《文化民粹主义》，桂万先译，南京大学出版社2001年版，第244页。

② 杨萍：《网络流行语：网民自主话语生产的文化景观》，《新闻前哨》2010年第4期。

“裸婚”“白领过劳死”“压力山大”等一系列词媒体都是民众特别是青年民众艰难生活境遇的概括。还有“蒜你狠”“菜奴”“房奴”“涨时代”“向钱葱”等词表达了民众对通货膨胀、物价飞涨的强烈不满。“健美猪”“染色馒头”“勾兑食品”“香精包子”“黄金大米”等表达了民众对食品安全问题的强烈关注……民众通过生产传播词媒体进行民意表达，同时也传递出民众迫切希望改变这些现状的愿望。以词媒体为代表的民意表达方式的兴起，说明中国社会民间舆论场已经成为一种重要的舆情信息，代表了普通民众在话语权争取过程中取得的阶段性胜利。化解官方舆论场与民间舆论场之间的冲突，弥合两者之间的分歧，已成为政府面临的重要课题。

三、词媒体促进舆论监督更加及时有效

直面我国社会发展的现实问题可以看到，处于社会转型期的中国各种社会矛盾错综复杂：首先，贪污腐败、道德滑坡、人情冷漠、阶层固化等社会问题还比较严重。其次，政府信息不公开、民意表达不畅通仍是中国社会长期存在的痼疸。再次，普通民众表达自身愿望和意愿的机会和路径依然十分有限。因为传统媒体时代，我国各类媒体所肩负的舆论监督使命十分有限。加之人们心中普遍存在的趋利避害潜意识，绝大多数民众在面对因不公正不公开的处理带来的自身利益受损问题时大多选择沉默，但沉默并不代表社会问题的解决和不满情绪的缓解，反而是各种问题和矛盾在不断酝酿和发酵，各种不满情绪在持续积累和升温，一旦社会民众的负面情绪实现从量变走向质变，不仅会酿成严重的社会冲突，还会严重影响社会的稳定和持续发展。

互联网的普及和社交媒体的应用在某种意义上建构了社会的“公共领域”，使长期压抑的社会不满情绪得到了疏导和缓解，也使舆论监督开始显示出力量，而以词媒体为代表的新媒体形态，由于易于掌握和便于使用的特征成为公众民意表达的重要渠道。在互动百科上，每一个词媒体的词条内容不仅有相关问题的事实情况展示，也有公众意见的分类整理，这其实就是将公众对公共事件和社会问题的态度和意见合理客观地展示出来和传播出去的方式，因此创建词媒体、完善词媒体成为越来越多的普通大众行使知情权、参与权、表达权和监督权的一条途径。通过词媒体的大范围传播所产生的社会效应是成指数增长的，在强大的民间舆论场压力下，相关职能部门不得不尽量地透明和公开相关

问题，尽可能迅速和公正地解决相关问题，因此以权谋私、权力寻租的现象得到了部分缓解和遏制。

“躲猫猫”原本指的是一种儿童玩的捉迷藏游戏，但在2009年却通过互联网成为一个公众批评和监督公权力机关的词媒体。2009年2月14日《云南信息报》报道：24岁的玉溪北城镇男子李荞明因盗伐林木被刑拘，1月30日进入看守所，2月8日下午受伤住院，4天后因“重度颅脑损伤”在医院死亡。晋宁县公安机关给出的解释是，当天李荞明因与同监室狱友一起在看守所的天井里玩“躲猫猫”游戏时，不慎撞到墙壁而导致受伤死亡。此消息一出舆论哗然，网友的关注焦点集中在致死原因是玩“躲猫猫”，一时间“躲猫猫”频频出现在各种媒体上。网友们在质疑公安机关给出的解释时，发挥丰富的想象力予以调侃。有网友发表感叹：“虽然躲猫猫没有做俯卧撑累，但还是死人了！请问天底下还有安全的游戏和健身方法吗？”也有网友调侃道：“俯卧撑、打酱油、躲猫猫——中国武林三大顶尖绝学！”还有网友讽刺说：“躲猫猫意为捉迷藏，属南方方言，北方则称作藏猫猫，不管是躲还是藏，这种游戏显然来自于猫和老鼠捉与被捉的游戏。伴随着一条年轻的、身强力壮的生命的离去，躲猫猫这一游戏在展示晋宁县看守所的人情味儿之外，同时雄辩地证明一个道理：游戏也可以杀人……”[①]这些表面上无厘头的调侃和讽刺，背后却是网友强烈的控诉和鞭笞。在巨大的舆论压力下，云南省委宣传部在网上征集网友作为社会代表参与事件调查，最终向社会公布真相为李荞明是被看守所牢头狱霸以玩游戏之名殴打致死，由此暴露出晋宁县看守所内部管理十分混乱，管理人员体罚关押人员、在押人员之间相互斗殴等问题时常发生。云南省相关职能部门对相关责任人进行了严肃处理：晋宁县公安局局长行政记大过，晋宁县公安局分管看守所工作的副局长免职并行政记大过，对负有直接领导责任的看守所所长予以行政撤职，对负有直接责任的看守所民警予以辞退。这种处理结果与网友们持续不断关注事件的态度和坚持不懈追问真相的精神密切相关。当代中国的普通大众的权利和民主意识已被以互联网为代表的科技力量唤醒。除“躲猫猫”之外，还有“欺实马”“表叔”“房姐”“我爸是李刚”……这些词媒体代表了广大中国民众不

① 参见互动百科《躲猫猫》，http://www.baike.com/wiki/%E8%BA%B2%E7%8C%AB%E7%8C%AB&prd=so_1_doc，2018年6月15日。

再满足于做一个无聊的看客，而愿意成为一个个富有正义感的现代公民，借助词媒体参与到追求真相、追问责任的公共事务中来。他们的参与能力和参与意识成为一种重要的舆论监督力量，促使社会向更健康、更透明、更公正的方向发展。

网络新媒体时代，即使传统媒体集体失语，发酵于网络的词媒体一样可以担负起加速新闻事件传播和传递真相给网民的社会责任，民间舆论场的力量在网络中的汇集会给相关职能部门造成巨大的舆论压力，迫使他们不得不公开透明、及时公正地处理相关问题。虽然有些学者质疑词媒体等新媒体形态容易造成“媒体审判”或者“网络暴力”等问题，但通过词媒体等新媒体形态进行社会热点事件“围观”，相对于所产生的问题而言，其进步意义和积极意义不容否定。

第二节　词媒体传播的弊端及其消解

技术的进步带给人们便利的同时也让人们饱尝新的痛苦。词媒体作为一种新媒体形态，给人们带来解放的同时，其与生俱来的局限性也带来了诸如群体极化、多数人暴力、媒介审判、恶意人肉搜索等弊端。我们在为词媒体传播的各种积极效果而欣喜的同时，也应该正视词媒体的消极传播效果，对其进行有效规范。

一、浓缩概括的词媒体容易形成刻板印象

词媒体浓缩概括的形式，有利于记忆和传播，但也容易遗漏很多信息，不能全面反映事件的整体状况，容易形成刻板印象，造成公共舆论的偏向。美国政治学家和新闻工作者李普曼(Lippmann)于1922年提出“刻板印象”这一概念，认为每个人的行为依据都不是直接和确凿的知识，而是他们自己制作的或者别人给他们的图像。[①] 刻板印象其实就是人们对世界中纷繁复杂的交往关系的判断依据，它简化了人们认识世界的过程和难度，人们根据它来组织信息、理解世界，并进一步作出反应。刻板印象一旦形成就会强烈作用于人们的思想和行为，如同一张帮助人们过滤外部世界信息的滤网，将与之一致的信息加以理解

① 参见[美]沃尔特·李普曼:《公众舆论》，阎克文等译，上海人民出版社2002年版，第23页。

转化，从而巩固原有的刻板印象，同时将不一致的信息排除在外。在传播效果中，固定的、简单化的刻板印象会使大多数受众习惯性地按照已经形成的思维模式和评价模式对特定的事件和人物进行判断和评价，而且很难将其纠正或者消除。

通过文本分析可以看出，词媒体很容易给社会中某一个族群贴标签，例如上文曾分析过的，给大龄未婚女青年群体贴上“剩女”的标签，给普通平凡的大众群体贴上“屌丝”的标签等，这些标签化的评价往往以偏概全、以局部代整体，使公共舆论对该族群的认识产生偏差和错误，从而对群体中的具体个体造成不必要的误解和伤害。除此之外，还有一种重要的标签化词媒体是针对权贵阶层的，如“我爸是李刚”“李天一”“四大名爹”“国民岳父”“郭美美”……这些词媒体来源于一些“官二代”“富二代”或“星二代”，表征了各种炫富、奢侈、强权或者道德败坏等问题，逐渐形成了对“×二代”这个族群的刻板印象，在网民心理上预设了只要是“×二代”就一定有问题或污点的判断。这种刻板印象的标签导致“×二代”这个族群因其出身天然地被放在了民众的对立面，在公共传播中处于一种道德劣势，这对于“×二代”族群中的个体是不公平的。在信息传播过程中，只要事件的主人公是“×二代”，网友们就会下意识地将问题的矛头指向这个人，随时对其发起“人肉搜索”，将可以搜索到的有关该人的信息公之于众，而且大有不挖出黑历史就不算成功的趋势，很容易引发不必要的社会矛盾和冲突，无益于事件客观公正的呈现和有效合理的解决。如果媒体中出现一些有关“×二代”的正面报道，网民则会认为这些报道是带有虚假、夸张和讨好色彩的软文，对该报道持有质疑和不屑的态度，仿佛对“×二代”族群只有揭黑打假才是伸张正义，正面赞扬就是虚假伪善，这种带有敌意的刻板印象不但会影响媒体的公信力和权威性，还会强化社会“仇官”“仇富”心理，加剧社会矛盾和冲突，不利于建设和谐社会。

大众传媒的发达必然伴随着大量刻板印象的形成。李普曼早在《自由与新闻》《舆论学》等论著中断言，现代社会越来越巨大化和复杂化，人们由于实际活动范围、精力和注意力有限，不可能对与他们有关的整个外部环境和众多事务都保持经验型接触，超出自己亲身感知以外的事务，人们只能通过各种媒介去了解，因此，人们的行为已经不再是对客观环境及其变化的反映，而是对媒介提供的某种“拟态环境”的反映。刻板印象虽然不可避免，但我们可以致力于限制和缓解刻板印象的负面影响力。一方面，大众传媒自身要增强社会责任感，在进行具体的人物或者事件报道时，要尽量全面和公正地对其进行描述和评价，避免使用带有个人情感倾向性的语言，更不能为了点击率和眼球经济而故意迎合受众的刻板印象。另一方面，大众传媒还要勇于报道与刻板印象相悖的人物或者事件，这样可以弱化刻板印象，纠正社会认知偏差，例如当大龄未婚女青年都是“剩女”的刻板印象形成之后，媒体如果可以不带任何性别歧视地提供更多有关健康向上、阳光幸福的大龄未婚女青年的报道，就可以有效缓解受众对该群体的误解。

二、迅速传播的词媒体容易引发网络暴力

词媒体不仅可以迅速传播事实性信息，还可将词媒体生产者和接受者的情绪大面积扩散开来。从心理学上看，散沙状的受众最容易受到情感和情绪引导，随时随地聚合成一个庞大群体，投入到对某个具体社会事件的报道、传播和评判中来，而这一群体的力量往往具有集体无意识的破坏性。古斯塔夫·勒庞在《乌合之众：大众心理研究》中提出：“个人一旦融入群体，他的个性便会被湮没，群体的思想便会占据绝对的统治地位，而与此同时，群体的行为也会表现出排斥异议、极端化、情绪化及低智商化等特点。”[①]群体心理的这些特点与网络空间的匿名性、开放性相结合，更容易引发网络暴力、“网络审判”，给当事人和相关人的生活带来很多不必要的困扰。

2010 年 10 月 20 日，西安音乐学院学生药家鑫开车撞倒被害人后，为逃避法律责任，持刀连续捅刺被害人，导致其当场死亡。一个大学生在开车撞伤他人之后，没有积极施救反而多次用刀捅刺伤者致其死亡，将一个交通肇事案件直接演变为杀人案，该事件一经媒体报道，立刻引起公众密切关注和热烈讨论，“药家鑫”随即成为当时最热词媒体。2011 年 3 月 23 日，西安市中级人民法院公开开庭审理此案，在庭审辩论中，药家鑫的律师路钢试图把药家鑫杀人的行为归入“激情杀人”的杀人类型，并且提出由于他成绩优秀且有自首情节，希望法官可以酌情从轻处罚和从宽量刑，给他一个改过自新的机会。开庭当晚，中央电视台《新闻 1+1》栏目对该案件进行报道评析，中国人民公安大学犯罪心理

① [法]古斯塔夫·勒庞：《乌合之众：大众心理研究》，戴光年译，新世界出版社 2010 年版，第 8 页。

学教授李玫瑾就药家鑫在案发现场的行为及心理动机作了专业分析和解剖，试图从专业角度揭示药家鑫犯罪的原因和心理。但令人想不到的是广大网民不能接受这些和他们的预判相悖的理性、专业分析，一时间网上针对路钢律师和李玫瑾教授的舆论鞭挞甚嚣尘上。

对权威媒体的理性解析不买账的网民们，却最容易被网络上意见领袖的“振臂一呼”所蛊惑。北京大学教授孔庆东在第一视频网站上激愤地称：“药家鑫长的是典型的杀人犯的那种面孔……药家鑫的名字就是杀人犯——三个金摞在一起，三把刀是吧？这个人他就是一个杀人犯——从心理学上来讲，从文化上来讲！……干了伤天害理的事情，过了一定的界限，你怎么自首都是没有用的。你愿意跑你跑吧，跑到天涯海角，我把你满门抄斩，这才是严肃的法律。……这个老百姓啊，为什么老被人家欺负，被人家杀？就是健忘！……”[①]孔庆东这种充满了自相矛盾、暴戾宣泄的无理性法盲言辞被网民们大呼痛快，在这种非理性情绪的引导下，网民的认识偏差和网络暴力愈演愈烈。网络上开始流传药家鑫是“官二代”“富二代”的传言，还言之凿凿地称其父有巨额财产来历不明的嫌疑，还有各种药家试图花钱来左右司法公正的证据，等等。在新浪微博上，甚至展开一场轰轰烈烈的有关药家鑫案的公民投票审判活动，倡导网民在司法审判之前进行投票表决，这个表决在 4 月 15 日就已经结束了，参与投票的人中大部分选择了“药家鑫故意杀人证据确凿，必须斩立决”！在我国，司法权是一项专有权，具有排他性，这些舆论虽然一定程度上表达了公众对司法公正和生命安全保障的期待，但明显违背了司法独立原则，是在法院司法审判尚未对此案定罪、定刑的时候，就在舆论的裹挟下对当事人进行了“媒介审判”，是对司法独立、司法公正的严重干扰。

4 月 22 日，西安中级人民法院针对药家鑫案进行一审判决，判处药家鑫死刑，剥夺政治权利终身。药家鑫不服，认为量刑过重，于 4 月 28 日提出上诉，要求依法从轻处罚。药家鑫上诉是否能驳回原判而从轻处罚，又成为网民关注的焦点。西安司法有腐败问题、药家为救儿子不惜花费重金、受害者不接受药家的经济赔偿、500 多村民集体签名要求判药家鑫死刑等信息在网络疯传，这些信息对网民和舆论究竟产生了多大的影响难以估量，但是这种迎合、煽动社会上

① 贺卫方：《要以群众狂欢的方式处死一个人吗？》，2011 年 4 月 11 日《南都周刊》。

本来就敏感的"仇富仇官""贪污腐败"神经，却实实在在地加剧了人们对药家鑫甚至药家的仇恨，事实真假对错并无人关心，执行死刑成为民心所向。5月20日，陕西省高级人民法院二审宣判，原审判决定罪准确，量刑适当，程序合法，故依法裁定驳回药家鑫上诉，维持原判。2011年6月7日，药家鑫被执行死刑，走完了他短促的人生之路，也让历时数月沸沸扬扬的"药家鑫案"画上了句号。

药家鑫被注射死亡之后留下的不仅是叹息，还应该有更多的反思。在社交媒体时代，舆论的力量往往会形成势不可当的趋势，各类专家、学者、名流在其中发挥着意见领袖的作用，非理性的声音常常会将理性的声音湮没，非专业、非理性、背离法治精神的泄愤式呐喊往往更吸引受众眼球。在舆论风暴的裹挟下，似乎人人都能找到快意恩仇的快感，但这种网络暴力和"媒介审判"却会对司法审判产生干扰。如果舆论监督仅仅停留在这个阶段，并不一定就是推动司法公正和建设法治社会的正能量。在移动互联网和社交媒体勃兴的时代，我们更应该对词媒体引发的网络暴力抱有足够的警惕心理，防止词媒体承载过多情绪、过少理性，减少网民在情绪裹挟下僭越司法独立、损害社会公正的事件发生，避免各种先于司法审判的"媒介审判"上演。这是各路社会专业人士的职责使命，也是网民媒介素养教育的重心。

三、集体狂欢的词媒体容易消解社会责任

网络传播技术的发展和新媒体时代的到来，打破了传统媒体时代的议程设置规则和自上而下的传播模式，确实有颠覆主流价值观、对抗权威媒体、争夺话语权和开创社会话语新秩序的积极意义，一定程度上增强了我国民众自我表达和参与公共事务的意识和能力，在促进我国文化更加包容多元的同时也推进了社会民主化进程。但是，我们必须清醒地认识到，虚拟空间的自由、平等和解放，会和现实空间的社会规范产生冲突和矛盾，引发一系列现实问题。

现实空间是围绕着一个又一个中心运转的环状结构，人们按照体制安排的秩序扮演各自的角色，按照社会的要求思考、言说和行动，任何出格的言行都会被社会评判、规训乃至受到孤立、遗弃等惩罚。但在平等、匿名、自由、开放的网络空间却极大地改变了人们的日常生活体验，西方社会已经日渐式微的狂欢式感受在网络空间再次复活，并召唤着大家共同进入一个娱乐至死的时代。"一切公众话语都日渐以娱乐的方式出现，并成为一种文化精神。我们的政治、宗

教、新闻、体育、教育和商业都心甘情愿地成为娱乐的附庸，毫无怨言，甚至无声无息，其结果是我们成了一个娱乐至死的物种。”[①]在这个娱乐至死的时代，将娱乐进行到底的精神感召着众多网友对每一个严肃的新闻事件和社会问题进行调侃戏谑，并最终演变成一场又一场网民的狂欢派对。通过分析大名鼎鼎的词媒体“我爸是李刚”的生产和传播过程，可以清晰地看到网民们不娱乐到底誓不罢休的狂欢精神，即使面对的是本应很严肃的社会新闻。2010 年 10 月 16 日晚，李启铭在河北大学新校区内醉酒驾车肇事导致受害者死亡。据报道，李启铭在车祸现场面对围观者的指责口出狂言：“有本事你们告去，我爸是李刚！”此言经媒体披露之后，立刻成为当时最热词媒体，网民们闻听此嚣张跋扈的“官二代”言辞，立刻团结一致，对其进行口诛笔伐，不仅对李启铭本人和他的父亲李刚进行“人肉搜索”，还在网上发起了晒出自己父亲职业的“亮爸”活动，网民编写了《我爸是李刚》的网络歌曲，拍摄了《我爸是李刚》的恶搞 MV，推出了《我爸是李刚》的“诗歌版”“电视购物版”“神曲版”“李商隐版”“阿基米德版”“艾青版”，等等。在网民竞相在“我爸是李刚”一词中展示自己娱乐天分和调侃技能的过程中，其实已经失去了对交通事故本身的兴趣，很少有人再去关注这个事件的肇事者李启铭被判刑 6 年的结果和受害者及其家属的情况，众人只是在这个词媒体引发的一场网络狂欢中收获了揭黑的成就感和狂欢的兴奋感而已。

一场又一场的网络狂欢背后往往伴随着社会责任感的缺失。俄国文艺理论家、哲学家巴赫金认为，“狂欢节不是一个为人们观看的场景，人们在其中生活，人人参与，因为狂欢节的观念包容了全体大众……狂欢节之中的生活是从属于它自己的法律，即它自己的自由的法则，它具有一种世界精神，它是整个世界的一个特别的状态，这是一个世界复兴与再生的境界，是人人参与的境界”[②]。意味着对等级森严的官方秩序的颠覆与推翻，从而使平日里受日常生活和等级制度约束的人们获得人性上的释放，实现内心情感的宣泄。从对狂欢的界定可以看出，这种“第二生活”其实是建立在集体参与和集体免责的条件之上的，因此裹挟在狂欢中的个体是在不用承担任何责任的前提下对权威进行脱冕和解构的。相应的，在现代社会的媒介狂欢中，正是由于网络空间的匿名性和开放

① ［美］尼尔·波兹曼：《娱乐至死》，章艳译，广西师范大学出版社 2004 年版，第 4 页。

② Mikahil Bakhtin, *Rabelais and His World*, Helene Iswolsky (trans.), Cambridge: MIT Press, 1968, p. 7.

性，才敢于调侃权威和戏谑权力。在词媒体“药家鑫”的背后，也是一场不用负责的网络狂欢：药家鑫案之所以引发网络舆论一边倒的喊打喊杀，与受害人代理人张显的微博造势和鼓噪有密不可分的关系。张显本人是一名大学教师，是受害人张妙丈夫的远房亲戚，义务为受害人担任诉讼代理人。案件审理期间，张显的微博粉丝数量达到了 7.98 万多人，新浪博客的访问量也达到 475.8 万人次，其言论受到网民的广泛关注。张显在微博和博客上先后公布了村民要求判药家鑫死刑签名书、受害人家属量刑意见书等，还发布了要求判处药家鑫死刑以正国法、受害人宁肯穷死也不收药家赔偿、药家鑫父亲贪污受贿等言论，在网民中引起了强烈反应，也使网上要求对药家鑫处以极刑的呼声越来越强烈。在药家鑫被执行死刑之后，张显微博和博客中公布的多数信息却陆续被证实为虚假信息，面对这种情况他本人却很轻松地将其解释为“出于公民的好奇心，至于是否属实，自己无权调查”。由此可见，网络中任何人都会基于一种免责的心理而随意发表言论，网络传播技术的发展给人们带来了解放和自由的同时，也让人们感受到了因集体免责带来社会责任感缺失的无奈和悲哀。

中国网民如果长期沉浸在这种过分娱乐和集体免责的网络狂欢中无法自拔的话，那么必然会带来民众对公共事件的批判和反思深度弱化、民众的社会责任感缺失等一系列问题。弗洛姆曾说：“唯有当我们有能力可以有自己的思想时，表达我们思想的权力才有意义；唯有当内在的心理状况能使我们确定自己的个体性时，摆脱外在权威性控制的自由才能成为一项永恒的收获。”[①]对词媒体的剖析让我们看到，以互联网为代表的新媒体技术的发展和普及虽然对现代社会民主、自由、法治的进程起到一定的促进作用，但其消极和破坏性的一面也引人警醒。

---

① [美]埃里希·弗罗姆：《对自由的恐惧》，许合平、朱士群译，国际文化出版公司 1998 年版，第 169～170 页。

附录　2010～2017年互动百科最热词媒体

2017年月度最热词媒体

1月	六小龄童、红包照片、朝鲜核试验、国际消费类电子产品展、快播案、《太子妃升职记》、熔断机制、晚婚假、e租宝、寨卡病毒
2月	引力波、Apple Pay、敬业福、小头症、2.6台湾高雄地震、《美人鱼》、科比·布莱恩特、猴年春晚、天价鱼、世界移动通信大会
3月	Alphago、2016年全国两会、《太阳的后裔》、3.15晚会、莱昂纳多·迪卡普里奥、A4腰、山东疫苗事件、papi酱、博鳌亚洲论坛、iphoneSE
4月	翻船体、《欢乐颂》、和颐事件、霍金、科比、SpaceX、毒学校、蚂蚁金服、魏则西事件、熊本地震
5月	雷洋事件、《百鸟朝凤》、草原天路、美国队长、迪士尼、杨绛、华为、医闹、超级细菌、电e宝
6月	《魔兽》、裸条、奥兰多枪击事件、WWDC、毒跑道、吴亦凡、“长征七号”、英国脱欧、盐城龙卷风、王石
7月	《口袋妖股Go》、南海仲裁案、HPV疫苗、北京瘫、老虎伤人事件、欧洲杯、法国恐袭案、自拍死、邢台洪涝灾害、特丽莎·梅
8月	王宝强、巴铁、洪荒之力、里约奥运会、限韩令、量子卫星、中国女排、电信诈骗、白银市连环杀人案、限期怀孕
9月	G20、“天宫二号”、刷月饼、三星爆炸门、乔任梁、iphone7、朝鲜核试验、996工作制、中国式假离婚、美国大选

续表

10 月	楼市限购、诺贝尔奖、蓝瘦香菇、“神舟十一号”、普密蓬·阿杜德、网约车、雾霾净化塔、张靓颖、《湄公河行动》、火星移民
11 月	朴槿惠、双“十一”、2016 年美国总统大选、余旭、丢书大作战、林丹、《我不是潘金莲》、超级月亮、丰城电厂坍塌事故、法医秦明
年度 10 大最热词媒体	
里约热内卢奥运会、唐纳德·特朗普、“神舟十一号”、崔顺实门、人工智能、南海仲裁案、引力波、G20、蓝瘦香菇、裸条	

2016 年月度最热词媒体

1 月	我可能××了假×、撸起袖子加油干、陈思诚、亚洲蹲、周立波、日本 APA 酒店、雅戈尔动物园老虎伤人、2017 年春晚、马来西亚快艇失联、微信小程序
2 月	“皮皮虾，我们走”、《三生三世十里桃花》、金正男、第 89 届奥斯卡金像奖、赵雷、穿山甲事件、穆斯林禁令、林妙可、禁韩令、乐天集团
3 月	2017 年全国两会、H7N9、李在镕、中国国家男子足球队、辱母案、大卫·洛克菲勒、英国议会大楼枪击事件、国际消费者权益日、《金刚狼》2、限购令
4 月	雄安新区、北京新医改、白百何、《人民的名义》、杨洁、速 8、贾跃亭、国产航母、美国航空公司打人事件、“天舟一号”货运飞船
5 月	中国 C919 大型客机、“一带一路”高峰论坛、蓝鲸游戏、勒索病毒、《摔跤吧！爸爸》、刘洲成、曼彻斯特恐怖袭击事件、马克龙、《欢乐颂》第二季、第 70 届戛纳国际电影节
6 月	《深夜食堂》、章莹颖、卡塔尔断交事件、复兴号、刘国梁、6.22 杭州保姆纵火事件、崔胜贤、上海国际电影节、6.24 茂县山体滑坡、唐杰忠
7 月	香菇回归 20 周年、freestyle、《我的前半生》、相亲鄙视链、第 41 届世界遗产大会、假装生活、共享床铺、中印边界、笑气、《战狼》2
8 月	《二十二》、8.8 九寨沟地震、南京南站猥亵女童事件、中印军队洞朗对峙事件、台风天鸽、巴斯罗那恐怖袭击、建军 90 周年阅兵、海底捞、地震云、李文星
9 月	求锤得锤、iphoneX、翟欣欣、朝鲜第六次核试验、8.31 榆林产妇跳楼事件、《那年花开月正圆》、敦刻尔克、金砖国家峰会、大国外交、9.19 墨西哥地震

续表

10月	中国共产党第十九次全国代表大会、新时代中国特色社会主义思想、10.1拉斯维加斯赌场枪击事件、鹿晗、诺贝尔奖、胡润百富榜、金拱门、郎永淳、引力波、神户制钢所
11月	2017年APEC峰会、携程托幼所虐童事件、双"十一"、维密秀、金马奖、江歌、小蓝单车、奚梦瑶、特朗普访华、《猎场》
年度10大最热词媒体	
共享经济、《人民的名义》、雄安新区、勒索病毒、《战狼》2、iPhoneX、引力波、十九大、特朗普访华、红黄蓝幼儿园	

2015年月度最热词媒体

1月	捂媚娘、双色球、何以体、姚贝娜、中国国家男子足球队、《查理周刊》、上海外滩踩踏事故、Windows10、张灵甫、55度杯
2月	羊年春晚、无人驾驶汽车、美国高通公司、猎鹰九号火箭、橘子哥、"火星一号"计划、红包大战、狗头金、复兴航空、《鸟人》
3月	Apple Watch、5g、德国之翼空难、李光耀、"阳光动力二号"、肉身坐佛、无人机快递、人脸识别、物联网、人工智能
4月	尼泊尔大地震、头部移植、《速度与激情》7、虹膜识别、尼斯湖水怪、羊胎素、"天河二号"、汪国真、红色通缉令、无线充电技术
5月	中东呼吸综合征、我们体、厄尔尼诺现象、iPhone6s、纳什平衡、《复仇者联盟》2、Chinajoy、丧尸药、地球旗、how-old
6月	僵尸肉、东方之星客轮、闰秒、粉尘爆炸、Uber、男性避孕药、《侏罗纪世界》、野鸡大学、Apple Music、半壁江山体
7月	《捉妖记》、吃人电梯、开普勒-452b、优衣库不雅视频、看海模式、脂肪味、漫游费、win10、圣克鲁斯岛、智能锁
8月	天津爆炸事故、2022年北京冬奥会、《三体》、Alphabet、宁泽涛、周末小短假、留尼汪岛、第五套人民币、阅兵蓝、Ashley Madison

续表

9 月	抗战胜利 70 周年、iPhone6s、头上长草、人体冷冻、中美互联网论坛、急性短暂性精神障碍、难民、搞笑诺贝尔奖、超级月亮、叶良辰
10 月	全面二孩、诺贝尔奖、天价虾、2016 年国考、屠呦呦、扶老人险、致癌物质、《康熙来了》、流量不清零、“十一”黄金周
11 月	11.13 巴黎恐怖袭击事件、习马会、双“十一”、第五套人民币、樊京辉、中国 c919 大型客机、《火星救援》、海昏侯墓、第 52 届台湾电影金马奖、北京迷笛音乐学校
年度 10 大最热词媒体	
抗战胜利 70 周年阅兵、中美互联网论坛、天津爆炸案、第五套人民币、全面二孩、2022 年北京冬奥会、屠呦呦、开普勒-452b、扶老人险、雾霾红色警告	

2014 年月度最热词媒体

1 月	主席套餐、马上体、邵逸夫、最强大脑、讲政治、雪龙号、社会抚养费、极地旋涡、网络黄牛、冯氏春晚
2 月	月欠族、老啃族、裸年、拜年恐惧症、节后离职潮、邓波儿、家庭适用片、手机三贱客、驱蝗运动、莞式服务
3 月	MH370 航班、克里米亚、都教授、索契冬奥会、米歇尔·奥巴马、茶叶蛋、安全感工资、网购后悔权、暖炕、李代沫
4 月	马伊琍体、韩国“岁月号”客轮、棒棒军、马尔克斯、qvod 播放器、新浪、XP 系统后遗症、布鞋院士、奶茶恋、香蕉艾滋病
5 月	扎堆结婚、英拉、亚信峰会、幽泉学院、欧洲冠军杯、黄海波、汗血宝马、渡边淳一、刘汉、乌鲁木齐汽车炸弹袭击
6 月	巴西世界杯、苏牙、宁财神、玉林荔枝狗肉节、全能神、尿疗、京杭大运河、竖版中国地图、臭脚米粉、徐才厚
7 月	周永康、马航、台风威马逊、杭州公交纵火案、甲午战争、集体自卫权、德国国家足球队、鸡缸杯、《小苹果》、朝内大街 81 号
8 月	冰桶挑战、埃博拉病毒、房祖名、反垄断、砸砸、8.3 云南鲁甸地震、昆山工厂 8.2 爆炸事件、拉日铁路、脸基尼、日本石猴

续表

9月	阿里巴巴、苏格兰、锋菲恋、监狱风云、iPhone6、21世纪网、仁川亚运会、假日办、搞笑诺贝尔奖、地沟油
10月	十八届四中全会、金正恩、文艺座谈会、诺贝尔奖、北京地铁、蓝翔技校、陈彤、国宾护卫队、大众断轴门、“嫦娥五号”
11月	APEC蓝、高仓健、双“十一”、北京地铁、雷楚年、中国人民银行、小官巨贪、世界互联网大会、罗塞塔号彗星探测器、福州念斌投毒案
年度10大最热词媒体	
抗战胜利、依法治国、马航、APEC蓝、埃博拉病毒、冰桶挑战、监狱风云、克里米亚、《小苹果》、奶茶恋、“玉兔号”	

2013年月度最热词媒体

1月	十面霾伏、站票半价、南方供暖、闯黄灯、北京咳、袁厉害、房姐、坑爹假期、春运神器、年会恐惧症
2月	病毒歌曲、朝鲜核试验、刀锋战士、光盘行动、李天一、微拜年、我是歌手、恋爱起步价、熊孩子、学习粉丝团
3月	金砖国家、国五条、克强指数、铁道部、丽媛style、香港限奶令、吴仁宝、人鱼线、1999战记、黄金鸡蛋
4月	雅安地震、理性救灾、H7N9禽流感、撒切尔夫人、圆明园十二生肖兽首铜像、凤凰古城、黄洋、海天盛筵、待用快餐、明星跳水秀
5月	到此一游、大黄鸭、比特币、贝克汉姆、《致青春》、中国大妈、火箭官员、琉球群岛、PX项目、镉大米
6月	棱镜计划、避暑神器、中国式钱荒、转基因大豆、“神舟十号”、刁奥会、临时工、邓文迪、荔枝狗肉节、BRT
7月	韩亚空难、游学团、探亲假、差评营销、火炉城市、冯氏春晚、刑前会见、曼德拉国际日、南北地震带、王林
8月	上海法官嫖娼案、北涝南旱、天山武林大会、北京最牛楼顶别墅、打飞机、埃及清场运动、光大乌龙指事件、中国大妈、薄熙来、网络大谣

续表

9月	转发500次、土豪、以房养老、五仁月饼、女汉子、第一口奶、社会抚养费、交通拥堵费、5元硬币、中国式放假
10月	负面清单、新旅游法、美国政府停摆、上帝粒子、厨房pm2.5、媒治、中国绿卡、在职贫困、转基因食品、383改革方案
11月	十八届三中全会、中国国家安全委员会、单独二孩、防空识别区、比特币、官邸制、双“十一”、广场舞、《爸爸去哪儿》、艾弗森
年度10大最热词媒体	
中国梦、土豪、雾霾、中国大妈、单独二孩、斯诺登、比特币、“嫦娥三号”、房姐、大黄鸭	

2012年月度最热词媒体[①]

年度10大最热词媒体
钓鱼岛、正能量、十八大、你幸福吗、屌丝、江南style、莫言、“辽宁号”航母、舌尖上的中国、2012

2011年月度最热词媒体

1月	胡奥会、歼-20、行政强拆、控烟、见与不见体、让爱回家、压力山大、动物群死、扫地老太太、兔手势
2月	微博打拐、纳税购房、用工荒、可燃面条、罗纳尔多、《春天里》、春节账单、恐聚族、微情书、宫斗游戏
3月	谣盐、IPAD2、奥德赛黎明、福岛核危机、伊丽莎白·泰勒、3.11日本大地震、咆哮体、健美猪、道德血液、超级月亮
4月	药家鑫、个税起征点、死不起、染色馒头、恐艾症、白领过劳死、金砖五国、抹布女、治安高危人员、威廉世纪婚礼
5月	本·拉登、乘客表情图、故宫三重门、醉驾入刑、邵氏弃儿、私奔体、五道杠、西瓜膨大剂、真维斯楼、网上蓝军

① 互动百科工作人员向笔者证实未评选2012年月度最热词媒体，只评选出年度10大最热词媒体。

续表

6月	京沪高铁、建党伟业、塑化剂、我行贿了、人生压力图、国际娜、裸婚时代、看海、郭美美、离婚计算器
7月	温州动车追尾事故、姚明、共和国脊梁奖、达芬奇的眼泪、赖昌星、阿姆斯壮大学、虎妻、晒三公、扶梯恐惧症、卖萌通缉令
8月	婚姻法司法解释三、瓦良格号航母、满洲开拓团、卢美美、PX、勾兑食品、卡扎菲、HOLD住、蓝精灵体、乔布斯
9月	地沟油、"天宫一号"、扶老指南、四大名爹、骆家辉、税负痛苦指数、香精包子、斯德哥尔摩综合征、京城四少、安慰体
10月	小悦悦、卡扎菲、撑腰体、iPhone4s、反淘宝联盟、辛亥革命、iSad、绿领巾、潘、萌节
11月	"神州八号"、PM2.5、校车、限广令、房闹、巨型光棍节、狼爹、普文二青年、赵本山体、中英穿越体
12月	金正日、北斗卫星导航系统、年终奖临界点、蒙牛致癌门、密码危机、微博实名制、唤醒体、三国杀通缉令、《金陵十三钗》、赵美美
年度10大最热词媒体	
地沟油、PM2.5、校车、乔布斯、HOLD住、高速铁路、占领华尔街、郭美美、谣盐、伤不起	

2010年月度最热词媒体

1月	火车票实名制、低碳春节、恐归族、百度被黑事件、纳米汽车、哈里发、《阿凡达》、车联网、全球变冷、苹果平板电脑
2月	兽兽、低碳春节、意念螺丝、犀利哥、世博密码、虎姓、泛性别、打金农民、红段子、幽泉学院
3月	硫磺筷子、地沟油、lianghui、张璐、山西王家岭矿难、蜜月测试员、全裸乡政府、张国荣、山西疫苗事件、潮外婆
4月	世博会、倒春寒、肯德基秒杀门、卡廷事件、黑色旅游、青海玉树地震、炒蒜团、经济适用墓地、柜族、火山灰效应

续表

5 月	世博庙会、世界杯家规、伪娘、京十二条、菜奴、天上人间、词媒体、零薪族、富士康、张悟本
6 月	龙舟水、汉堡外交、织毛衣、金猪四国、团奴、黄金暴露比例、呜呜组啦、考神、夏雨荷、李培根
7 月	唐骏学位门、团购学历、章鱼保罗、成龙魔咒、炒王菲、《唐山大地震》、N 年一遇、不闯红灯奖、富跑跑、三伏天
8 月	菲警、性早熟奶粉、三俗艺人、《挟尸要价》、超级病菌、舟曲泥石流、李盗士、伊春 8.24 空难、凡客体、兽兽翻脸门
9 月	足囚协会、方舟子、稗虫、直通中南海、捉奸门、个性假期表、裸捐、鲁迅大撤退、《盗梦空间》、女厕攻防战
10 月	千年极寒、十全十美婚、小月月、羊羔体、重金属香烟、功夫男篮、阶梯电价、蒙牛陷害门、炫父、泡菜危机
11 月	光棍节、给力、3Q 战争、C919、上海花祭、微笑姐、荒时代、大小恋、中俄新蜜月、婴儿黑洞
年度 10 大最热词媒体	
微博、上海世博会、维基解密、给力、西毕生、足囚协会、3Q 战争、涨时代、炫父、呜呜组啦	

参考文献

一、学术著作

1. 黄新生:《媒介批评——理论与方法》,台北五南图书出版公司 1990 年版。

2. 陆扬、王毅:《文化研究导论》,复旦大学出版社 2006 年版。

3. 陈龙:《大众传播学导论》,苏州大学出版社 2006 年版。

4. 陈龙:《媒介批评论》,苏州大学出版社 2005 年版。

5. 郭庆光:《传播学教程》,中国人民大学出版社 2011 年版。

6. 姚文放:《当代审美文化批判》,山东文艺出版社 1999 年版。

7. 傅守祥:《审美化生存——消费时代大众文化的审美想象与哲学批判》,中国传媒大学出版社 2008 年版。

8. 陶东风等:《当代大众文化价值观研究:社会主义与大众文化》,辽宁教育出版社 2014 年版。

9. 罗钢、刘象愚主编:《文化研究读本》,中国社会科学出版社 2000 年版。

10. 王建平主编:《文化研究读本》,中国人民大学出版社 2016 年版。

11. [新西兰]艾伦·贝尔、[澳]彼得·加勒特编:《媒介话语的进路》,徐桂权译,中国人民大学出版社 2016 年版。

12. [美]查尔斯·斯特林:《媒介即生活》,王家全等译,中国人民大学出版社 2014 年版。

13. [美]劳伦斯·格罗斯伯格等:《媒介建构:流行文化中的大众媒介》,祁林译,南京大学出版社 2014 年版。

14.[美]尼尔·波兹曼:《娱乐至死》,章艳译,广西师范大学出版社 2004 年版。

15.[法]古斯塔夫·勒庞:《乌合之众:大众心理研究》,戴光年译,新世界出版社 2010 年版。

16.[法]罗兰·巴尔特:《神话修辞术:批评与真实》,屠友祥、温晋仪译,上海人民出版社 2009 年版。

17.[荷]丹尼斯·麦奎尔:《受众分析》,刘燕南等译,中国人民大学出版社 2006 年版。

18.[英]大卫·麦克里兰:《意识形态》,孙兆政、蒋龙翔译,吉林人民出版社 2005 年版。

19.[英]斯图亚特·霍尔:《表征——文化表象与意指实践》,徐亮等译,商务印书馆 2003 年版。

20.[英]雷蒙·威廉斯:《关键词:文化与社会的词汇》,刘建基译,三联书店 2005 年版。

21.[英]阿兰·斯威伍德:《大众文化的神话》,冯建三译,三联书店 2003 年版。

22.[德]哈贝马斯:《公共领域的结构转型》,曹卫东等译,学林出版社 1999 年版。

23.[德]伊丽莎白·诺尔—纽曼:《民意——沉默螺旋的发现之旅》,翁秀琪等译,台北远流出版事业股份有限公司 1994 年版。

24.[法]米歇尔·福柯:《规训与惩罚:监狱的诞生》,刘北城、杨远婴译,三联书店 1999 年版。

25.[法]米歇尔·福柯:《疯癫与文明:理性时代的疯癫史》,刘北成、杨远婴译,三联书店 1999 年版。

26.[法]米歇尔·福柯:《知识考古学》,谢强、马月译,三联书店 1998 年版。

27.[法]保罗·利科:《诠释学与人文科学——语言、行为、解释文集》,孔明安等译,中国人民大学出版社 2012 年版。

28.[法]罗兰·巴特:《恋人絮语:一个解构主义的文本》,汪耀进等译,上海人民出版社 2004 年版。

29.[美]约翰·费斯克:《传播研究导论:过程与符号》,许静译,北京大学出

版社 2008 年版。

30.[美]约翰·菲斯克:《电视文化》,祁阿红、张鲲译,商务印书馆 2005 年版。

31.[美]约翰·费斯克:《传播符号学理论》,台北远流出版事业股份有限公司 1995 年版。

32.[美]约翰·费斯克:《理解大众文化》,王晓珏、宋伟杰译,中央编译出版社 2001 年版。

33.[美]道格拉斯·凯尔纳:《媒体文化:介于现代与后现代之间的文化研究、认同性与政治》,丁宁译,商务印书馆 2013 年版。

34.[美]道格拉斯·凯尔纳:《媒体奇观——当代美国社会文化透视》,史安斌译,清华大学出版社 2003 年版。

35.[美]罗纳德·斯考伦、苏珊·王·斯考伦:《跨文化交际:话语分析法》,施家炜译,社会科学文献出版社 2001 年版。

36.[美]丹尼斯·K.姆贝:《组织中的传播和权力:话语、意识形态和统治》,陈德民、陶庆、薛梅译,中国社会科学出版社 2000 年版。

37.[法]波德里亚:《消费社会》,刘成富、全志钢译,南京大学出版社 2000 年版。

38.[美]阿瑟·阿萨·伯杰:《通俗文化、媒介和日常生活中的叙事》,姚媛译,南京大学出版社 2000 年版。

39.[美]阿瑟·阿萨·伯格:《媒介分析方法》,台北远流出版事业股份有限公司 1994 年版。

40.[法]托多罗夫:《巴赫金、对话理论及其他》,蒋子华、张萍译,百花文艺出版社 2001 年版。

41.[澳]马克·吉布森:《文化与权力:文化研究史》,王加为译,北京大学出版社 2012 年版。

42.[英]迈克·费瑟斯通:《消解文化——全球化、后现代主义与认同》,杨渝东译,北京大学出版社 2009 年版。

43.[英]诺曼·费尔克拉夫:《话语与社会变迁》,殷晓蓉译,华夏出版社 2003 年版。

44.[荷]梵·迪克:《作为话语的新闻》,曾庆香译,华夏出版社 2003 年版。

45.［荷］冯·戴伊克:《话语　心理　社会》,施旭、冯冰编译,中华书局 1993 年版。

46.［美］斯蒂芬·李特约翰:《人类传播理论》,史安斌译,清华大学出版社 2004 年版。

47. Jessica Wolfendale and Jeanette Kennett. *Fashion Philosophy for Everyone Thinking with style*, West Sussex: Blackwell Publishing Ltd, 2011.

48. W. J. Potter (2003). The 11 Myths of Media Violence. Thousand Oaks, CA: Sage, 2003.

49. D. Chandler, Semiotics: the Basics. New York: Routledge, 2002.

50. S. Hall, (Ed). *Representation: Cultural Representations and Signifying Practices*. Thousand Oaks, CA: Sage, 1997.

二、学术论文

1. 吴飞、龙强:《政治的幻象:时政新媒体的传播模式与困境》,《现代传播》2017 年第 7 期。

2. 龙强、李艳红:《从宣传到霸权:社交媒体时代"新党媒"的传播模式》,《国际新闻界》2017 年第 2 期。

3. 彭兰:《更好的新闻业,还是更坏的新闻业?》,《编辑之友》2017 年第 12 期。

4. 陈昌凤、王宇琦:《新闻聚合语境下新闻生产、分发渠道和内容消费的变革》,《中国出版》2017 年第 12 期。

5. 涂凌波:《互联网传播中"标题党"现象的根源、影响与规范》,《编辑之友》2017 年第 4 期。

6. 朱江丽、蒋旭峰:《从主流媒体到"新型主流媒体"》,《新闻界》2017 年第 8 期。

7. 喻国明、曲欣悦、罗鑫:《试论传统媒体与新媒体的合作模式与操作要点》,《中国地质大学学报(社会科学版)》2016 年第 4 期。

8. 张志安、吴涛:《互联网与中国新闻业的重构》,《现代传播》2016 年第 1 期。

9. 石长顺、梁媛媛:《互联网思维下的新型主流媒体建构》,《编辑之友》2015 年第 1 期。

10. 成文胜:《传统媒体时政类微信公众账号的运营模式探析》,《当代传播》2015 年第 5 期。

11. 刘少华、申孟哲:《"侠客岛"的新媒体实践》,《青年记者》2015 年第 9 期。

12. 潘祥辉:《论传播失灵、政府失灵及市场失灵的三角关系》,《现代传播》2012 年第 2 期。

13. 李建伟、刘英翠:《媒介变迁促动下的新闻语言变化分析》,《新闻与传播研究》2011 年第 1 期。

14. 田秋生:《市场背景下制约党报新闻生产的三重逻辑》,《国际新闻界》2009 年第 2 期。

15. 陶东风:《从两种世俗化视角看当代中国大众文化》,《中国文学研究》2014 年第 2 期。

16. 胡青青:《网络热词"土豪"的文化解码及伦理反思》,《伦理学研究》2014 年第 4 期。

17. 蒋述卓:《流行文艺与主流价值观初议》,《文学评论》2013 年第 6 期。

18. 邹军:《从网络象征符到社会象征系统》,《现代传播》2013 年第 9 期。

19. 喻国明:《呼唤"社会最大公约数":2012 年社会舆情运行态势研究》,《编辑之友》2013 年第 5 期。

20. 陶东风:《核心价值体系与大众文化的有机融合》,《文艺研究》2012 年第 4 期。

21. 张蕾:《近三十年中国流行语的文化阐释》,《文艺研究》2011 年第 12 期。

22. 黄自然:《网络流行语体的传播机制与传播动因探析》,《新闻界》2011 年第 6 期。

23. 张挺、魏晖:《互联网环境下语言文字舆情监测与实证研究》,《语言文字应用》2011 年第 2 期。

24. 陶东风:《去精英化时代的大众娱乐文化》,《学术月刊》2009 年第 5 期。

25. 贺绍俊:《大众文化影响下的当代文学现象》,《文艺研究》2005 年第 3 期。

26. 童庆炳:《大众文化需要人文引导》,《东方论坛》1994 年第 1 期。

27. C. A. Anderson, L. Berkowitz, E. Donnerstein, L. R. Huesmann, J. D. Johnson, N. M. Malamuth, & E. Wartella, The Influence of Media Violence on Youth. *Psychological Science in the Public Interest*, 2003, 4(3).

28. R. Williams, Culture is Ordinary. In R. Gable (Ed.), *Resources of hope: Culture, democracy, socialism.* New York: Verso, 1992.

29. N. Noesselt, Microblogs and the Adaptation of the Chinese Party-State's Governance Strategy. *Governance*, 2014, 27(3).

30. Z. D. Pan, & J. M. Chan, Shifting Journalistic Paradigms How China's Journalists Assess "media exemplars". *Communication Research*, 2003, 30(6).

31. Bell, Allan. Climate of the Media. *Annual Review of Applied Linguistics*, 15, 1994.

后 记

自攻读博士研究生开始，我们这个群体就被频繁地冠以“女博士”“剩女”等称呼，玩笑和戏谑之余，心中不免有很多感慨和困惑。在山东大学文艺学博士后流动站工作期间，我便开始尝试运用传播学、哲学、语言学等理论和方法分析和评判这类词语，先后就“剩女”和“媒介贱文化”发表了两篇论文，均被人大复印报刊资料全文转载，还引来《大众日报》理论版约稿。之后，我索性把关注点聚焦于网络热词、流行语等“词媒体”，理论视野也从西方现代美学延伸到新闻传播学领域，尝试用我花近十年时光苦苦啃得的哲学思想解读网络大众文化和从事媒介批评，逐渐发现了不同学术领域的共通之处，为我的学术研究开启了新的天地。

随着移动互联网和社交媒体的兴起，“词媒体”已经从受众喜闻乐见的表达方式发展成为一种重要的传播现象，影响力不断扩大，已初步引起学界关注。本人因对这种传播现象的不间断思考，到目前发表了数篇论文，还先后申请到了教育部人文社科规划青年项目（2018）和山东省社科规划青年项目（2016）。我深切地感到，研究“词媒体”，有助于洞察中国当代社会的信息传播变局、文化意义生产和舆论生态演变，有助于准确把握国民的心理动态、生存处境和价值取向，有助于了解研判网络环境下的话语权争夺与舆论引导，对做好新时代新闻舆论工作具有重要的理论和实践意义。基于这一判断，我将在今后的日子里，继续该领域的探索。

作为这一探索的初步成果之一，本书从撰写到付梓，时间已过去整整五年。从 2013 年走到 2018 年，我已成 36 岁的大龄青年。在研究“剩女”中告别“剩女”身份，结婚生子，身上多了责任，人生有了更多的角色和使命。教学和科研的展开充实着我的职业生涯，生活的变化丰富着我的人生阅历。在我的生命历程中，为我付出最多的是父母，他们如天下所有父母一般毫无保留地将自己的一切奉献给孩子！除了报答不完的养育之恩，我更感谢的是他们给予我的引导、自由和信任！童蒙之初，母亲把我带到图书馆一排排的书架前，任由我自由挑选阅读，从不越俎代庖。成长过程中，父亲忍住所有的心疼和不舍，默默支持我在自己选择的人生道路上磕磕绊绊，在我被撞得头破血流的时候给予我最大安慰和鼓励。从小父母就在我心中种下自尊、自强、自立的种子，让我可以走出独生子女的"温室"，经风沐雨，靠自己的拼搏去描绘属于自己的生命画卷！回望过往，这样的经历已不再是负累，而是变成我一生的财富。我也将用这种方式来哺育和培养我的儿子，将这种真爱传递下去。

"你用自己的努力证明了自己的价值。"小学老师的毕业赠言至今仍在脑海。漫漫求学路上，正是一位又一位恩师，帮我推开一扇又一扇的门，他们用自己的智慧和爱心引导我去求知、求索，他们的鼓励、肯定、批评和包容都是我最温暖的回忆。

在中国人民大学读博期间，导师牛宏宝教授的言传身教，不仅让我深刻地懂得学术探索的严谨与辛苦，更让我真实感受到知识分子的担当和风骨。这些都成为我终身向往和追求的高度。博士后合作导师张红军教授，在我博士毕业后混沌迷茫的阶段，在学术上引导我进入传播学领域，在工作上费心为我安排谋划，在科研上给予我充分信任和全力帮助……若无他们的悉心教导，不会有我今日学术上的些微进展。今后唯有努力读书、笔耕不辍，方不负师恩！

谁的人生没有失败？谁的人生没有磨难？谁的人生没有彷徨？那些失败、磨难和彷徨与人生路上收获的欢乐、爱意和希望相比又算得了什么!？感谢我所有的老师，没有你们的教导、帮助和提携，我不可能走上这条读书之路；感谢我所有的家人，没有你们的关心、理解和支持，我不会毫无负担和压力地成长和奋斗；感谢我所有的挚友，没有你们的陪伴、相知和守候，我也不会懂得手足情深和相知相伴的可贵。

感谢山东大学出版社滕希功老师，是您的热心帮助和辛勤付出，让拙作得以付梓面世，让我有了进一步求索的动力。

为了让老师欣慰、家人满足、学生满意、朋友高兴、自己幸福，我唯有继续努力、不断成长！

作者
于山东大学威海校区玛珈山下
2018 年 12 月 29 日